EXAMEN

DE QUELQUES POINTS

DES DOCTRINES DE J. F. CHAMPOLLION

RELATIVES A L'ÉCRITURE HIÉROGLYPHIQUE DES ANCIENS
ÉGYPTIENS.

NOTE PRÉLIMINAIRE.

Le mémoire que je viens ici livrer à la publicité est une suite d'études entreprises
sur la Grammaire égyptienne de Champollion, ouvrage qui est devenu la base de la
science nouvelle et féconde des monuments qu'a produits la vieille patrie des Pharaons.
En consignant par écrit les appréciations qui m'ont été suggérées par l'examen de ce
livre, j'ai voulu me rendre compte des progrès que j'avais faits dans l'intelligence des
doctrines du savant illustre auquel il est dû.

Rédigé depuis plusieurs années (1839), ce mémoire était resté dans mon portefeuille, où
je l'avais laissé, afin de me vouer tout entier aux recherches que m'impose l'enseignement
dont je suis chargé à la Bibliothèque royale. J'ai profité de quelques instants de loisir pour
revoir ce travail, et revenir momentanément à cette science si belle de l'archéologie
égyptienne, qui m'occupa de longues années, et qui aura toujours mes affections.
La Société archéologique du Midi de la France, qui a tant fait pour la connaissance
de nos antiquités nationales, et à laquelle je me fais honneur d'appartenir, a bien
voulu accorder dans la Collection de ses mémoires une place à ce travail, quoiqu'il
forme une dérogation au genre habituel de ses recherches. Par un acte de bien-
veillance toute spéciale, elle m'a permis de le faire imprimer sous mes yeux, à
Paris, où l'art typographique pouvait me prêter toutes les ressources qui m'étaient
nécessaires. Je ne saurais jamais assez exprimer ma vive et profonde reconnais-
sance pour une telle faveur; elle excite en moi au plus haut point un désir, c'est
d'être jugé digne du patronage sous lequel paraît aujourd'hui cet essai. Plusieurs
ouvrages consacrés à la reproduction et à l'interprétation des textes hiéroglyphiques
ont vu le jour depuis la rédaction de celui-ci; tous ont pour objet l'application plus

I

ou moins heureuse des doctrines du maître : aucun n'a rendu inutile une publication dans laquelle je me suis proposé d'analyser ses travaux, d'exposer les principes généraux de la science qu'il a fondée, et de discuter la valeur de ses découvertes. Plus tard, je le suivrai dans les applications de détail qu'il en a faites, et j'examinerai les règles particulières de la grammaire propre aux textes sacrés, en les comparant avec celles du copte, c'est-à-dire du langage vulgaire de l'ancienne Égypte.

Meudon, mai 1847.

Quelle est, dans le développement successif des doctrines archéologiques de Champollion, et dans l'ordre de ses recherches sur les écritures de l'Égypte antique, la mesure de progrès que représente la *Grammaire égyptienne?* En d'autres termes, à quel point cet ouvrage, le dernier en date de ceux que ce savant illustre a composés, a-t-il porté la connaissance du mécanisme des procédés graphiques égyptiens, de leur application à l'expression de la langue parlée, et de leur destination dans le système social des anciens habitants de la vallée du Nil? Telles sont les questions qui se rattachent à la publication de ce livre, et sur lesquelles je vais essayer de répandre quelque lumière par l'examen des théories générales dont il renferme l'exposé et des faits qui s'y rattachent. Mais avant tout, et pour fixer les limites extrêmes de la carrière scientifique parcourue par Champollion, il est nécessaire d'en connaître le point de départ, et de suivre la filiation de ses idées et de ses travaux. Bien jeune encore, il avait voué à l'étude de l'Égypte pharaonique tous ses efforts et toutes ses affections; il s'en était rendu familier l'idiome, tel que les écrivains coptes nous l'ont transmis. A peine âgé de vingt-quatre ans, il avait publié sur la géographie de cette contrée, comparée dans ses primitives divisions avec celle qu'elle a reçues depuis la conquête arabe, un travail estimé pour la solide érudition dont il est rempli, et qui fait encore autorité dans cette matière (1).

Mais les préoccupations habituelles de son esprit avaient surtout pour objet les inscriptions qui décorent avec tant de profusion et de magnificence les édifices de l'Égypte. Un pressentiment vague, qui était déjà une première révélation de son génie, lui disait que l'histoire de ce

(1) *L'Égypte sous les Pharaons,* partie géographique, 2 vol. in-8°. Paris, chez Debure, 1814.

pays, ses croyances religieuses et sa vie intime, étaient peintes dans ces textes mystérieux, dont le sens s'était perdu depuis des siècles. C'est par une étude assidue de la langue copte qu'il se préparait à cette initiation, dont par la suite il nous révéla les secrets. Convaincu avec vérité de la connexion qui existe entre l'écriture et la parole, ces deux manifestations de la pensée humaine sous une forme différente, il cherchait dans la constitution étymologique et grammaticale du copte la raison des formes graphiques sous lesquelles les hiérogrammates représentèrent l'idiome de l'antique Égypte. Il pensait « qu'il est de toute évidence qu'en usant d'une écri- « ture composée de signes d'idées, les Égyptiens ne purent procéder à la « peinture combinée de plusieurs de ces idées que dans l'ordre même qu'ils « avaient déjà adopté pour les exprimer dans la langue parlée ; que les pen- « sées, les jugements, en un mot, la génération des idées, est essentiel- « lement liée à l'état de la langue qu'on parle (1). »

Un instrument d'investigation qui contribua aux succès de Champollion avec une efficacité beaucoup plus grande qu'on ne saurait peut-être le croire, c'est le soin avec lequel il s'attacha à retracer avec une rigoureuse exactitude les caractères de l'écriture sacrée. Les manuscrits qu'il a laissés sont là pour attester l'habileté calligraphique avec laquelle sa main était parvenue à s'en approprier les formes et les variétés de style. L'importance de ce soin, tout matériel qu'il puisse paraître, sera comprise par les personnes versées dans la connaissance de l'antiquité figurée, et qui savent de quelle rareté et de quel prix sont les bonnes copies des œuvres de l'art ancien. C'est à Champollion qu'appartient le mérite de nous avoir enseigné à reproduire par le dessin les bas-reliefs égyptiens d'une manière à la fois intelligente et complète.

Les travaux qui signalèrent la première période de sa vie prouvent qu'il acceptait l'opinion alors prédominante, qui supposait que l'écriture égyptienne était entièrement idéographique (2). Mais, quelques années plus tard, le progrès de ses études amena, dans la direction que cette

---

(1) *Mémoire inédit sur l'écriture démotique*, présenté à l'Académie des inscriptions et belles-lettres, au mois d'août 1822, cité dans la *Notice sur la vie et les ouvrages de M. Champollion le jeune*, par M. le baron Silvestre de Sacy.

(2) Voici ce qu'il dit à la page 5 de sa *Lettre à M. Dacier, relative à l'alphabet des*

opinion leur imprimait, des modifications fondamentales. Elles datent du moment où il reconnut la présence des caractères de *son* ou *phonétiques* dans les textes sacrés. Quels faits donnèrent lieu à cette découverte, et quel parti sut d'abord en tirer Champollion? C'est ce que personne ne saurait mieux nous apprendre que lui-même. Il est d'un haut intérêt, dans l'histoire littéraire de ses travaux, de connaître par quelle suite d'essais et de déductions il arriva à la découverte qui jeta un si grand éclat sur son nom. « L'emploi des caractères phonétiques une fois constaté dans
« l'écriture démotique(1), nous dit-il, je devais naturellement en con-
« clure que, puisque les signes de cette écriture populaire étaient, ainsi
« que je l'ai exposé, empruntés de l'écriture hiératique ou sacerdotale, et
« puisque encore les signes de cette écriture hiératique ne sont, comme
« on l'a reconnu par mes divers mémoires, qu'une représentation abré-

---

hiéroglyphes phonétiques, publiée en 1822 : «J'oserai enfin, après cette épreuve si flat-
« teuse pour moi, espérer d'avoir réussi à démontrer que ces deux espèces d'écriture
« (l'*hiératique* ou sacerdotale, et l'écriture *démotique* ou populaire) sont l'une et l'autre,
« non pas alphabétiques, mais *idéographiques*, comme les hiéroglyphes mêmes, c'est-
« à-dire peignant les *idées* et non les *sons* d'une langue. » Et plus loin, pages 3 et 4 : « Il
« s'agit de la série d'hiéroglyphes (les hiéroglyphes phonétiques) qui, faisant exception
« à la nature générale des signes de cette écriture, étaient doués de la faculté *d'exprimer*
« *les sons* des mots, et ont servi à inscrire sur les monuments publics de l'Égypte les
« *titres*, les *noms* et les *surnoms* des *souverains grecs* ou *romains* qui la gouvernèrent
« successivement. Le monument de Rosette nous présente l'application de ce système
« auxiliaire d'écriture, que nous avons appelée *phonétique*, c'est-à-dire exprimant les sons.»

(1) Les Égyptiens avaient trois sortes d'écriture, l'*hiéroglyphique* ou sacrée, l'*hiératique* ou sacerdotale, et l'écriture *démotique* ou vulgaire. La première était réservée pour les inscriptions monumentales; elle était encore employée, ainsi que la seconde, à tracer sur papyrus ou sur bois des textes roulant sur des matières religieuses ou historiques. L'écriture démotique était usitée pour la transcription des pièces ou actes d'administration, et des contrats survenus entre particuliers. Quelquefois elle figurait sur les monuments publics. C'est Hérodote (liv. II, ch. 36) et Diodore de Sicile (liv. III, ch. 3) qui ont fourni à Champollion ce nom de *démotique*, δημωτικά ou δημώδη (γράμματα). Saint Clément d'Alexandrie, dans ses *Stromates* (liv. V, p. 657, éd. Potter), se sert du terme *épistolographique*, ἡ μέθοδος ἐπιστολογραφική, et l'inscription de Rosette des mots ἐγχώρια γράμματα. Cette dernière désignation a été adoptée par le docteur Young, qui a donné à l'écriture démotique la dénomination de *enchorial character*.

« gée, une véritable tachygraphie des hiéroglyphes, cette troisième es-
« pèce d'écriture hiéroglyphique pure devait avoir aussi un certain nombre
« de ses signes doués de la faculté d'exprimer les sons; en un mot, qu'il
« existait également une série d'hiéroglyphes phonétiques. Pour s'assurer
« de la vérité de cet aperçu, pour reconnaître l'existence et discerner
« même la valeur de quelques-uns des signes de cette espèce, il aurait
« suffi d'avoir sous les yeux, écrits en hiéroglyphes purs, deux noms
« propres de rois grecs préalablement connus, et contenant plusieurs
« lettres employées dans l'un et dans l'autre, tels que Ptolémée et Cléo-
« pâtre, Alexandre et Bérénice, etc. Le texte hiéroglyphique de l'inscrip-
« tion de Rosette, qui se serait prêté si heureusement à cette recherche,
« ne présentait, à cause de ses fractures, que le nom seul de Ptolémée.
    « L'obélisque trouvé à Philæ, et récemment transporté à Londres, con-
« tient aussi le nom hiéroglyphique d'un Ptolémée, conçu dans les mêmes
« signes que dans l'inscription de Rosette, également renfermé dans un car-
« touche, et il est suivi d'un second cartouche, qui doit contenir nécessaire-
« ment le nom d'une femme, d'une reine lagide, puisque ce cartouche est
« terminé par les signes hiéroglyphiques du genre féminin, signes qui ter-
« minent aussi les noms propres hiéroglyphiques de toutes les déesses égyp-
« tiennes, sans exception. L'obélisque était lié, dit-on, à un socle, portant
« une inscription grecque, qui est une supplique des prêtres d'Isis à Philæ,
« adressée au roi Ptolémée, à Cléopâtre sa sœur, et à Cléopâtre sa femme.
    « Si cet obélisque et l'inscription hiéroglyphique qu'il porte étaient
« une conséquence de la supplique des prêtres, qui, en effet, y parlent
« de la consécration d'un monument analogue, le cartouche du nom fé-
« minin ne pouvait être nécessairement que celui d'une Cléopâtre. Ce
« nom et celui de Ptolémée, qui, dans le grec, ont quelques lettres sem-
« blables, devaient servir à un rapprochement comparatif des signes hié-
« roglyphiques composant l'un et l'autre; et si les signes semblables
« dans les deux noms exprimaient dans l'un et l'autre cartouche les
« mêmes sons, ils devaient constater leur nature entièrement phonétique.
« Une comparaison préliminaire nous avait fait aussi reconnaître que
« dans l'écriture démotique ces deux mêmes noms, écrits phonétiquement,
« employaient plusieurs caractères tout à fait semblables. L'analogie des

« trois écritures égyptiennes dans leur marche générale devait nous faire
« espérer la même rencontre et les mêmes rapports dans ces mêmes noms
« écrits hiéroglyphiquement : c'est ce qu'a aussitôt confirmé la simple
« comparaison du cartouche hiéroglyphique renfermant le nom de Ptolémée,
« avec celui de l'obélisque de Philæ, que nous considérions d'après l'ins-
« cription grecque, comme contenant le nom de Cléopâtre(1).

Déjà, vers la fin du siècle dernier, un savant antiquaire danois, George
Zoëga, soupçonnait que l'écriture égyptienne dut quelquefois recourir au
principe phonétique (2). Cette opinion, qui n'était de sa part qu'une
simple hypothèse, fut appuyée plus tard par un illustre mathématicien
anglais, le docteur Young, sur des faits d'une certitude incontestable,
mais dont la raison ne se révéla à lui qu'imparfaitement. On se rappelle les débats que fit naître la question de savoir à qui de Young ou
de Champollion appartient la priorité de la découverte des hiéroglyphes
phonétiques, et les prétentions exagérées élevées dans les premiers temps
de cette découverte par les écrivains anglais, jaloux d'en attribuer la gloire
pour leur compatriote. Un jeune philologue français, qui avait fait une
étude approfondie de la langue copte, et qui est mort il y a quelques
années en Égypte, en remplissant une mission littéraire qui lui avait été
confiée par le gouvernement, M. le docteur Dujardin, a le premier fait
remarquer d'une manière très-juste que « c'est à tort que l'on a voulu
« faire de Young et de M. Champollion deux rivaux se disputant une
« même découverte; qu'il y a deux découvertes tout à fait distinctes, et
« que celle du savant français est venue après celle du docteur Young,
« mais qu'elle n'en est pas une conséquence obligée (3). »

A cette appréciation, qui est insuffisante pour faire connaître ce que la

(1) *Lettre à M. Dacier*, page 5 à 7.

(2) *De Usu et Origine Obeliscorum*, a Georgio Zoega Dano, in-folio. Romæ, 1799,
pag. 374, 465, etc. — Cf. l'abbé Barthélemy, dans le *Recueil d'antiquités* du comte de
Caylus, tome V, page 79, et J. F. Champollion, *Précis du Système hiéroglyphique*,
deuxième édition, page 22. Cette édition du *Précis* est celle dont je me servirai dans le
courant de ce mémoire, et à laquelle se rapportent mes citations.

(3) *Les Hiéroglyphes et la Langue égyptienne à propos de la Grammaire de M. Champollion*, Revue des Deux Mondes, cahier du 15 juillet 1836.

science égyptienne doit au docteur Young, il est de toute justice d'ajouter que l'alphabet déduit par lui de l'analyse à laquelle il soumit les noms
hiéroglyphiques de Ptolémée et de Bérénice, se composait de treize caractères., parmi lesquels il y en a six : le □ P; le ⤚ F; le ⬩ T; le ⊂ M;
le ⌇ N, et le ‖ I (1), qui ont une valeur reconnue aujourd'hui pour
certaine; trois indiqués comme syllabiques : ⚡ BIR , ⬥ OLE , et ⎰ OSCH
ou OS (2), mais qui expriment en réalité l'articulation initiale ou principale de chacune des syllabes que Young les supposait représenter, savoir : le
B, le L ou R et le S, et quatre auxquels il attribuait une valeur reconnue maintenant pour inexacte (3). J'ai à faire remarquer que parmi ces derniers il en
est un, le ⌐, dont la valeur n'est pas même encore parfaitement établie (4).

Le mémoire auquel j'emprunte ces données fut inséré sous le titre
Egypt dans le Supplément à l'*Encyclopédie britannique*. Il est accompagné de cinq planches, qui contiennent les caractères et les groupes dont
la signification a été fixée par le savant anglais. Sur trente-deux de ces
groupes, représentant des noms de divinités, il s'en trouve douze dont l'interprétation est admise aujourd'hui (5), quoique la formule ou les limites
exactes de plusieurs des groupes précités n'aient pas été exactement déterminées par Young. La série des noms et des titres royaux, au nombre de
trente-trois, comprend cinq cartouches, parmi lesquels, —deux, ceux de
Ptolémée et de Bérénice (6), sont d'une lecture certaine; —trois, ceux de
Touthmosis, d'Aménophis-Memnon et d'Amensès (7), dont la signification,

(1) Supplement to the fourth and fifth editions of the *Encyclopædia Britannica*, Edin-
burgh, 1819, vol. IV, nᵒˢ 215, 216, 217, 211, 212, 209.

(2) Ibid. Nᵒˢ 206, 213, 214.

(3) Ibid. Nᵒˢ 207, 208, 210, 218.

(4) Ibid. Nᵒˢ 208. Champollion, dans le tableau des hiéroglyphes phonétiques qu'il a
donné dans sa Grammaire, a rendu ce caractère par T (nᵒ 96), et par X ou σ (nᵒ 185).
La même incertitude se reproduit dans tout le cours de l'ouvrage. Cet hiéroglyphe, étant
la première lettre du nom de l'empereur Tite, doit avoir probablement la valeur du T,
ou plus exactement celle de la dentale forte, nuancée par l'articulation sifflante, ainsi
que l'a démontré tout récemment, par des arguments aussi ingénieux que probables,
M. le vicomte Emmanuel de Rougé, dans son Examen des travaux de M. de Bunsen,
inséré dans les *Annales de Philosophie chrétienne*, 2ᵉ article, page 49 du tirage à part.

(5) Ibid. Nᵒˢ 5, 7 à 15, 17, 20. — (6) Ibid. Nᵒˢ 56, 58. — (7) Ibid. Nᵒˢ 33, 38, 39.

conjecturale pour Young, est aujourd'hui acquise à l'histoire égyptienne. Le nom démotique d'Alexandre, les titres de Soter, d'Épiphane(1), écrits en hiéroglyphes, les noms démotiques de simples particuliers égyptiens(2), sont à l'abri de toute discussion. Dans le nombre des qualificatifs et des verbes de la langue égyptienne consignés dans ces tableaux, on en compte soixante-neuf dont la signification est donnée très-exactement(3). On peut en dire autant de presque toutes les formes grammaticales retrouvées par Young(4), et des caractères servant à la notation d'une partie des numératifs cardinaux et ordinaux(5). Toutefois il ne faut pas perdre de vue que, dans la pensée de l'archéologue anglais, cette suite d'interprétations se composait, à très-peu d'exceptions près, d'images ou de symboles, et que l'application qu'il faisait du principe phonétique se borne aux noms de Ptolémée et de Bérénice, et à deux formes grammaticales de la langue copte, le pronom suffixe masculin de la troisième personne ϥ (6), et la préposition qui sert à indiquer les cas obliques dans les noms ⲛ̄(7). Étranger à l'étude de cette langue, il ne put entrevoir que comme un vague soupçon la corrélation du système grammatical qu'elle emploie avec les signes phonétiques de l'écriture sacrée. Il n'essaya l'analyse d'aucune des autres formes de ce système, dont il avait découvert la signification, et se trouva arrêté à l'entrée de cette carrière d'investigations dans laquelle le savant français devait marcher d'un pas si rapide, et dans la suite aller si loin. Néanmoins ces résultats paraîtront immenses, si l'on tient compte des difficultés inhérentes aux premiers essais tentés dans un genre d'étude, écueil de tant d'autres avant lui, au défaut de ressources qu'il présentait encore à cette époque, et si l'on considère que les recherches archéologiques de Young n'étaient qu'un incident dans une vie illustrée par des travaux d'une nature toute différente, qu'un simple délassement d'un esprit supérieur.

Tel est l'ordre de faits auxquels l'analyse de l'inscription de Rosette

(1) Ibid. Nᵒˢ 55, 57, 64.

(2) Ibid. Nᵒˢ 66 à 72.

(3) Ibid. Nᵒˢ 73 à 75, 85 à 88, 90, 91, 94 à 99, 101 à 105, 108 à 110, 113 à 118, 121, 126, 129,132 à 137, 140, 142, 143, 145, 146, 149, 152, 154, 157, 160, 161, 164.

(4) Ibid. Nᵒˢ 74, 156, 166 à 169, 171 à 175, 177, 204.

(5) Ibid. Nᵒˢ 186 à 203. — (6) Ibid. Nᵒ 74. — (7) Nᵒ 177.

conduisit le docteur Young, analyse dirigée avec une admirable sagacité, et que l'habitude des plus hautes spéculations mathématiques avait développée. Il faudrait un mémoire spécial pour retracer l'histoire de ses travaux archéologiques, pour fixer la part qui lui revient dans l'ensemble des découvertes auxquelles ont donné lieu dans notre siècle les monuments de la vieille Égypte, et pour apprécier convenablement l'influence qu'il exerça sur le développement de cette branche de l'érudition orientale.

Cet examen n'a point encore été entrepris avec tous les détails qu'il comporte et au point de vue philologique. Les recherches du docteur Young, vantées outre mesure par les uns, et passées sous silence par les autres, attendent aujourd'hui un examen complet et impartial (1). Je me bornerai ici à dire que le trait saillant qui caractérise ses investigations, c'est la découverte des hiéroglyphes de son, qu'il faut bien distinguer de la découverte de l'alphabet phonétique, propriété incontestable de Champollion, et qui n'appartient qu'à lui. L'un nous révéla plusieurs faits nouveaux d'une très-grande valeur archéologique, mais sans aucune portée ultérieure; l'autre nous enseigna une des lois générales qui régissent le système hiéroglyphique, et sut en tirer les conséquences les plus fécondes, les plus inattendues.

Il reconnut d'abord que les caractères phonétiques n'étaient point syllabiques, comme Young l'avait pensé à l'égard de plusieurs d'entre eux; opinion qui, en faussant les vues de ce dernier, avait, dès le début, rendu pour lui tout progrès impossible; mais que chacun d'eux était affecté, comme les caractères alphabétiques, à l'expression d'une voix ou d'une articulation unique. Cet aperçu lumineux lui donna la décomposition des deux noms de Ptolémée et de Bérénice, dont le savant anglais n'avait proposé qu'une lecture imparfaite, et par suite lui fit retrouver, avec toutes leurs

(1) M. Arago a tracé une esquisse des travaux archéologiques de Thomas Young dans l'éloge historique de ce savant, lu dans la séance publique de l'Académie des sciences, de novembre 1838. Ces travaux ne formant qu'un épisode de la vie scientifique du mathématicien anglais, l'illustre secrétaire perpétuel de l'Académie n'a dû donner qu'un développement restreint à cette partie de son discours, si remarquable d'ailleurs à tant de titres. Comme il ne s'était pas proposé d'écrire l'histoire détaillée et spéciale des découvertes de Young dans le domaine de l'antiquité égyptienne, il m'est permis de dire que cette histoire reste encore à faire.

variantes, les noms hiéroglyphiques de *Ptolémée*, *Bérénice*, *Cléopâtre*, *Alexandre*, *Ptolémée-Alexandre*, *Ptolémée-Néocésar*, les titres impériaux d'*Autocrator*, *César*, *Sébastos* (Auguste), les légendes d'*Auguste*(1), *Tibère* (2), *Claude*(3), *Vespasien*, *Domitien*(4), *Trajan*(5), *Hadrien*(6), de *Sabine*, sa femme(7), et d'*Antonin* (8), ainsi que plusieurs titres égyptiens, qui furent affectés aux souverains lagides et romains. A cette nomenclature il faut ajouter une suite de groupes démotiques, parmi lesquels il en est six que la liste de Young ne portait pas, et dont la lecture appartient en propre à Champollion; ce sont ceux qui répondent aux noms de *Cléopâtre*, *Apollonius*, *Antimachus*, *Antigènes*, aux mots ⲟⲩⲏⲛⲛ, *ionien* ou *grec*, et σύνταξις(9). Ce dernier mot est passé sans doute comme un terme technique d'administration, de l'inscription grecque qui occupe la partie inférieure de la pierre de Rosette, dans l'inscription intermédiaire, écrite en caractères démotiques ou populaires (10).

Ces interprétations se résumèrent en un système alphabétique complet, admettant pour chaque effet vocal plusieurs signes homophones(11), système dont l'exactitude était démontrée par la constante uniformité d'application de chacun de ses éléments, et par les résultats d'une lecture d'accord avec tous les temoignages historiques.

Toutefois, Champollion regardait encore à cette époque, ainsi que je l'ai déjà dit, le principe phonétique comme une dérogation à la nature foncièrement idéographique des textes sacrés, comme un moyen d'expression accessoire créé par la nécessité de transcrire des noms propres étrangers(12).

(1) L'empereur César. *Lettre à M. Dacier*, Pl. II.
(2) L'empereur Tibère César. *Ibid.*
(3) Tibère Claude César, surnommé Germanique, empereur. *Ibid.* Pl. III.
(4) L'empereur César Domitien, Auguste, Germanique. *Ibid.*, *ibid.*
(5) L'empereur César Nerva Trajan, Auguste, Germanique, Dacique. *Ibid.*, *ibid.*
(6) Hadrien César. *Ibid.*, *ibid.*
(7) Sabine Auguste. *Ibid.*, *ibid.*
(8) L'empereur César Antonin. *Ibid.*, *ibid.*
(9) *Ibid.* Pl. I.
(10) *Ibid.*, Pl. IV.
(11) Voir, pour l'explication du mot *homophone*, à la page 32.
(12) Cf. p. 4 les passages précités de sa *Lettre à M. Dacier*.

La découverte de Young était restée dans la sphère élevée, mais restreinte, où se produisent ordinairement les travaux de pure érudition : celle de Champollion était destinée à prendre rang parmi les faits scientifiques d'une utilité immédiate pour l'étude de l'antiquité historique et religieuse. Elle apparut comme une des plus merveilleuses conquêtes que la critique moderne eût faites sur les siècles passés. Que l'on se rappelle ici les efforts presque désespérés tentés depuis la renaissance des lettres pour pénétrer le secret de l'écriture hiéroglyphique, les théories émises depuis notre expédition d'Égypte sur l'âge des constructions dont les ruines s'élèvent sur les bords du Nil, et les interminables débats qu'avaient fait naître les zodiaques d'Esneh et de Denderah, et l'on concevra la sensation d'étonnement et d'admiration produite sur le public savant par une découverte qui venait répandre quelques notions positives au milieu de tant d'incertitudes. D'accord avec les inductions tirées si habilement par M. Letronne des inscriptions grecques gravées sur certaines parties des monuments égyptiens, l'alphabet phonétique confirmait de tout point les déterminations chronologiques de l'illustre helléniste, tout en recevant d'elles un degré d'autorité irrécusable. C'était là un premier jalon posé dans le champ jusqu'alors sans limites de l'histoire égyptienne, à l'aide duquel il était permis d'espérer que l'on pourrait mesurer les temps antérieurs à la dynastie des Lagides, si les noms pharaoniques se prêtaient au même système de lecture que les noms des rois de cette dynastie ou des empereurs romains.

Cet espoir se réalisa en partie lorsque, dans une publication (1) qui suivit de près celle de la *Lettre à M. Dacier*, Champollion eut montré que non-seulement les noms des souverains grecs, romains ou perses qui avaient été maîtres de l'Égypte, mais ceux des Pharaons, se prêtaient au système de lecture qu'il avait proposé.

Il déchiffra les noms de Xerxès et de plusieurs pharaons des XXIXe, XXVIe, XXIIe et XVIIIe dynasties, dont la mention faite dans le canon chronologique du grand prêtre égyptien Manéthon ne laissait aucun doute sur la certitude de ces interprétations. Ces premiers résultats, si importants en eux-mêmes,

(1) *Précis du système hiéroglyphique des anciens Égyptiens*, première édition. Paris, in-8°, 1824 ; deuxième édition, Paris, in-8°, 1828.

ne l'étaient pas moins en ce qu'ils faisaient entrevoir la possibilité de lire les autres légendes pharaoniques à mesure qu'on les retrouverait, et de restaurer un jour les pages perdues de ces vieilles annales. On sait avec quel succès Champollion répondit à cette attente, lorsqu'il eut connu la table d'Abydos, les monuments du musée de Turin, et plus tard les édifices de Thèbes et de la Nubie. Dans deux lettres adressées par lui à M. le duc de Blacas d'Aulps(1), il communiqua au monde savant sa première classification des dynasties pharaoniques. Cet ouvrage était le germe du grand travail qu'il allait publier sur le même sujet, d'après les documents si nombreux qu'il avait recueillis dans son voyage d'Égypte, lorsque la mort vint le frapper. La lecture des noms royaux avait été déduite par Champollion de l'alphabet phonétique, à l'aide d'une démonstration si simple, si rigoureuse, et en même temps si évidente, que ses adversaires les plus opiniâtres furent forcés de l'admettre ; mais ils voulurent borner l'application des caractères de son à la transcription des noms royaux. Notre archéologue fit plus : il prouva, par une série de faits non moins certains que les premiers, que les Égyptiens avaient généralisé l'emploi des signes phonétiques dans le courant des textes sacrés.

Le tableau des caractères et groupes hiéroglyphiques cités dans le Précis (2) renferme une suite de quatre cent cinquante numéros, où se trouvent :

A. Des formes grammaticales correspondantes aux formes usitées dans le copte (1 à 38)(3). — B. Les noms figuratifs, symboliques ou phonétiques de plusieurs divinités du Panthéon égyptien, rappelés pour la plupart par les écrivains grecs et latins (39 à 108). — C. Des légendes royales conformes aux noms du canon chronologique de Manéthon (109 à 124); le nom de l'un des rois perses qui possédèrent l'Égypte, Xerxès (125); les légendes de plusieurs rois lagides (126 à 139); celles des empereurs

---

(1) *Lettres à M. le duc de Blacas d'Aulps relatives au musée royal égyptien de Turin.* Ire Lettre, *Monuments historiques*, Paris, in-8°, 1824; IIe Lettre, *suite des Monuments historiques*, Paris, in-8°, 1826.

(2) Voir le volume intitulé : *Planches et Explications*, à la suite du *Précis du système hiéroglyphique*.

(3) Il faut excepter de ce nombre le groupe hiéroglyphique n° 30, ϭⲛ, ϭⲉⲛ, qui indique la troisième personne plurielle du présent de l'indicatif, et qui est une forme archaïque que le copte a remplacée par les formes ϭⲉ, et ⲟⲧ.

romains jusqu'à Antonin (140 à 152). — D. Des noms de simples particuliers égyptiens, formés, le plus grand nombre, d'un élément grammatical associé à un nom divin, et dont la lecture est, par conséquent, certaine pour la plupart (153 à 217); des noms propres grecs et latins (218
à 225); des mots de la langue usuelle, exprimés soit figurément, soit symboliquement, soit en caractères phonétiques (226 à 337). — E. Les quali-
fications et titres honorifiques de plusieurs dieux, de souverains ou simples
particuliers (338 à 450).

Dans ce nombre de signes et de groupes que contient le Précis, et déjà
si considérable, eu égard au peu de temps qui s'était écoulé depuis la découverte de l'alphabet phonétique, à peine en citerait-on dix qui, après
les progrès faits par Champollion dans les huit années de sa vie posté-
rieures à la rédaction de cet ouvrage, aient eu besoin d'être rectifiés entièrement, ou même modifiés.

S'essayant à élever ces faits à l'état de théorie, il crut dès lors pouvoir
poser les règles fondamentales de l'écriture hiéroglyphique. Une partie
du Précis est consacrée à rechercher comment naquit et s'élabora ce
système graphique, et par quelles phases de développement il passa. Sa
théorie de la formation parallèle de l'écriture et de la langue égyptiennes
est une pensée très-ingénieuse, très-philosophique, que nous lui avons vu
émettre dès le commencement de ses études(1); mais il ne put la faire
reposer sur aucune donnée historique, puisque les œuvres de la civilisation
primitive de l'Égypte ayant péri, il ne nous reste aujourd'hui aucune trace
des essais par lesquels les hiérogrammates parvinrent à créer un système
d'écriture complet, et tel que nous le présentent les monuments que le
temps a respectés, et qui nous sont connus.

Le Précis se termine par un résumé des principes de l'écriture égyptienne,
de ses diverses espèces et des procédés graphiques que chacune d'elles
employa(2). Dans l'ensemble de ces règles, au nombre de trente-trois, les
unes, celles qui se rapportent à l'écriture hiéroglyphique (A 1 à 21), et à la
forme d'écriture appelée hiératique ou sacerdotale (B 21 à 25), sont au-

---

(1) Voir le passage extrait du *Mémoire sur l'Écriture démotique*, et cité page 3.
(2) *Précis*, chap. X, page 446 et suiv.

jourd'hui généralement acceptées : car les découvertes ultérieures de Champ-
pollion en ont démontré la vérité ; les autres, c'est-à-dire les règles relatives à la forme d'écriture désignée par Champollion sous le nom de démotique ou vulgaire (C 25 à 33), sont devenues incomplètes ou défectueuses,
par suite des travaux postérieurs de Champollion lui-même, de Young (1),
et de ceux tout récents d'un très-ingénieux académicien, M. de Saulcy.

Champollion n'avait pu à cette époque exercer ses méditations que sur
un trop petit nombre de faits observés, pour qu'on dût attendre de lui un
exposé approfondi de la nature d'un système d'écriture plus complexe
sans doute qu'il ne le pensait, et sur lequel il reste encore beaucoup à faire,
quoique à ces premières recherches de Champollion soient venues s'ajouter
celles de la période qui les suivit, et qui marqua le terme de son existence.

Dans cette voie d'explorations qu'il s'était ouverte avec tant de bon-
heur, ses progrès furent de plus en plus rapides. Il interrogeait avec
une assiduité infatigable les monuments encore en petit nombre que
sa bonne fortune lui procurait l'occasion de voir à Paris. Mais le cercle
de ses études ne tarda pas à s'agrandir. Grâce à la munificence d'un
souverain bien capable d'apprécier le mérite du jeune savant, il put
visiter la magnifique collection d'antiquités égyptiennes rassemblée à Turin
par le roi de Sardaigne ; et peu de temps après, une ordonnance royale
créa le Musée égyptien du Louvre, en lui confiant les soins de veiller à la
conservation de ce nouvel et magnifique établissement. C'est vers cette
époque qu'il faut placer, à ce qu'il paraît, la première conception du grand
ouvrage qui va nous occuper, et dont le Précis n'était que le germe.

M. Champollion-Figeac, qui réunit à tant de titres littéraires qui lui sont
propres le mérite d'avoir publié, avec un zèle dont on ne saurait jamais lui
savoir assez de gré, les travaux posthumes de son frère, M. Champollion-
Figeac nous a donné sur l'histoire de la *Grammaire égyptienne*, dont il est
l'éditeur, quelques détails auxquels sa position personnelle attache infini-
ment de prix, et que nous lui empruntons :

« Il n'est pas non plus indifférent, dit-il, de faire savoir à quelle époque,

(1) Cf. *Rudiment of an Egyptian dictionary in the ancient Enchorial character*, by Th.
Young. London, 1831, *Advertisement*, p. IV—X.

« dans l'histoire des ouvrages de Champollion le jeune, appartient sa *Gram-*
« *maire égyptienne*, afin de déterminer sûrement le degré d'autorité dont
« cette composition se trouve revêtue par sa date même, eu égard au
« développement successif des théories de l'auteur et à leur perfectionne-
« ment, au moyen d'observations nouvelles ou de quelques modifications
« dans l'usage des observations antérieures. Nous dirons donc que la
« *Grammaire égyptienne est son dernier ouvrage.* Il en fit la première
« copie, qui en est la seconde rédaction, aussitôt après son retour du
« voyage en Égypte, et il inséra dans son manuscrit un assez grand nombre
« d'exemples tirés des monuments qu'il avait vus et étudiés pendant ce
« voyage. Il passa l'automne de l'année 1831 dans le Quercy, et il employa
« ce temps à écrire les trois cent trente-deux pages qui forment la se-
« conde copie. Après les premières atteintes (au mois de décembre suivant)
« de la cruelle maladie qui lui accorda une trêve si courte et si trompeuse,
« il ne s'occupa encore que de cette grammaire; il en mit les feuilles en
« ordre, et, après s'être assuré que rien n'y manquait : *Serrez-la soigneuse-*
« *ment,* nous dit-il ; *j'espère qu'elle sera ma carte de visite à la postérité* (1). »

Le plan sur lequel cet ouvrage est conçu, la nature et l'ordre des ma-

---

(1) *Grammaire égyptienne*, ou Principes généraux de l'écriture sacrée égyptienne ap-
pliquée à la représentation de la langue parlée, par Champollion le jeune. Paris ; in-folio,
1836—1841, chez Firmin Didot. Préface de l'éditeur, pages III et IV.—On voit, dans la seconde moitié de cet ouvrage, depuis le chapitre X jusqu'à la fin, que l'auteur n'a pas
eu le temps de revoir le manuscrit de cette partie de son travail : il s'y trouve des
textes hiéroglyphiques qui n'ont pas été traduits, et d'autres dont la traduction n'est évidemment qu'une ébauche. L'éditeur a respecté, et avec raison, ces imperfections, jaloux
de reproduire l'œuvre de son frère avec une exactitude religieuse ; il a même conservé
quelques légères inadvertances, que Champollion n'eût pas manqué de rectifier en re-
voyant son manuscrit, par exemple, page 275, ɴᴀρω, qui signifie *mes bouches*, pour
ɴɛɴρω, *nos bouches.*

Il est fâcheux que l'exécution typographique de ces deux dernières livraisons ne ré-
ponde pas aux soins qu'a dû y consacrer le savant éditeur. Ainsi, page 281, dans le
tableau des articles possessifs, affixes féminins, la dernière ligne de la première colonne
horizontale, et la première de la seconde colonne, ont été disloquées de manière à rendre
une partie de ce tableau inintelligible ; à la page 380, la transcription et la traduction d'un
groupe qui se lit ωρϥ ont été transportées auprès de celui qui doit se lire ᴛρ, ᴛωρ,

tières qu'il embrasse, le divisent en deux parties bien distinctes : la première, qui traite de la théorie générale de l'écriture égyptienne, de la forme, du nombre et de la disposition des éléments qu'elle admet; la seconde, qui nous apprend comment ces éléments servaient à exprimer tel ou tel ordre d'idées, et en particulier les rapports logiques et grammaticaux, qui lient les mots entre eux dans le discours. Cette division détermine celle que doit recevoir notre analyse, et indique en premier lieu à notre examen la partie de la *Grammaire égyptienne* qui traite du système hiéroglyphique considéré comme écriture, sous un point de vue général.

I. Si l'on jette les yeux sur un texte hiéroglyphique exécuté avec soin, l'attention est frappée aussitôt de la variété des objets dont il offre l'image, de la fidélité, et souvent de la finesse élégante d'imitation avec laquelle l'artiste qui les a retracés a su les rendre. Ce tableau paraîtra encore plus curieux, si l'on songe qu'il reflète avec la plus naïve vérité l'antique civilisation égyptienne. Il emprunte, en effet, ses éléments non-seulement aux formes extérieures de la nature, telle que les anciens sages de l'Égypte avaient su l'observer, mais encore aux créations plus ou moins perfectionnées de la main de l'homme. Champollion a constaté que l'on retrouvait dans ces textes seize genres d'objets figurés : — A. des images des corps célestes ; B. l'homme de tout âge, de tout sexe, de tout rang, et dans les différentes attitudes que son corps est susceptible de prendre; C. les divers membres ou parties du corps humain; D. des quadrupèdes domestiques ou sauvages; E. des oiseaux de différentes espèces; F. divers genres de reptiles; G. plusieurs sortes de poissons; H. des insectes, mais en fort petit nombre; I. des végétaux, des fleurs et des fruits; J. des objets d'abillement ou de costume; K. des meubles, armes ou insignes divers; L. des vases et un grand nombre d'ustensiles; M. des instruments de la plupart des arts et métiers; N. quelques édifices, constructions et divers produits des arts; O. des figures géométriques, ou plutôt des caractères, images d'objets peu reconnaissables pour

et réciproquement; à la page 446, ligne 15, et en continuant à la page 447, se trouve la répétition mot pour mot et hors de place d'un passage donné déjà à la page 370, à laquelle il appartient. Les signes hiéroglyphiques tronqués, les lettres coptes mises l'une pour l'autre s'y rencontrent quelquefois.

nous, qui sommes si étrangers à tant de détails des usages des Égyptiens ;
Q. Enfin, plusieurs caractères présentant des images fantastiques, mais dont
toutes les parties intégrantes existent néanmoins dans la nature réelle (1).

Les hiéroglyphes *purs*, représentés avec tous leurs détails de forme et de
couleur, étaient réservés principalement pour les monuments publics, tels
que les temples et les palais. Ce genre d'exécution était propre aux caractères sculptés sur la pierre. Sur le bois ou sur le papyrus, on les retraçait le
plus souvent au simple trait, en les réduisant à une esquisse abrégée autant
que possible, mais à laquelle on conservait le type individuel qui distingue
chaque image de quadrupède, d'oiseau, de reptile, etc.; ce sont là les
hiéroglyphes *linéaires* (2). Ceux-ci, soumis à un second degré d'abréviation,
produisirent l'écriture hiératique ou sacerdotale, d'un tracé plus facile, plus
expéditif que les deux premières, et d'un usage très-fréquent, à ce qu'il paraît, puisqu'elle a fourni à nos collections, outre de nombreux fragments du
Rituel funéraire, une foule de pièces relatives à l'administration civile ou
financière de l'Égypte. Cette dernière modification de l'écriture sacrée
s'opéra par une simplification plus ou moins réduite des hiéroglyphes linéaires qui en étaient le type originel. Champollion compte dans l'écriture
hiératique quatre degrés de transformations, depuis les signes qui s'éloi-
gnaient le moins du contour des caractères hiéroglyphiques, jusqu'à ceux
qui n'en offrent plus qu'une imitation partielle ou même presque arbitraire.

L'écriture hiératique avait encore d'autres moyens d'accélération : elle re-
jetait, par exemple, les caractères symboles ou images, pour la plupart d'une
exécution compliquée et difficile, en les remplaçant par des caractères de son.
Il serait à désirer, pour le progrès du déchiffrement de l'écriture hiéroglyphique, qu'à l'aide d'une comparaison des mêmes textes, reproduits tantôt
sous la forme hiéroglyphique, tantôt sous la forme hiératique, on fît un tableau de ces diverses variantes ; ce rapprochement donnerait peut-être la clef
de ce système de permutations, en même temps que la lecture des groupes
dont la signification a été déterminée servirait à retrouver celle des groupes
correspondants dont la valeur nous est inconnue ou reste encore incertaine.

L'écriture hiéroglyphique et l'hiératique disposent leurs signes en colonnes

(1) *Grammaire égyptienne*, page 3—5.
(2) Ib., page 12—14.

3

verticales, et de haut en bas, ou bien en lignes horizontales : dans ces deux cas la lecture a lieu, pour l'écriture hiéroglyphique, de droite à gauche ou bien de gauche à droite, suivant le côté vers lequel sont tournées les têtes des figures d'hommes et d'animaux, ou les parties saillantes, anguleuses et renflées ou courbées des images d'objets inanimés qui font partie de l'inscription. Les textes hiératiques se lisent invariablement de droite à gauche (1).

La distinction des trois sortes d'écriture égyptiene est due en entier à Champollion, et remonte à la première période de ses travaux. Indiquée déjà dans ses mémoires lus à l'Académie des inscriptions et belles-lettres en 1821 et 1822, elle se trouve complétement développée dans la première édition du *Précis*. L'autorité des faits en a démontré, depuis, toute l'exactitude. Cette division fondamentale, avec ses détails si nettement marqués, fut le fruit de cette étude matérielle des formes de l'écriture sacrée dont Champollion avait dès l'origine compris la nécessité, et sans laquelle aucun progrès solide n'est possible dans cette partie de la science archéologique. Young paraît n'avoir eu à cet égard que des idées très-confuses : il ne séparait pas l'écriture hiératique de la forme d'écriture nommée par lui *enchoriale*, et par Champollion, *démotique*, et qui est celle de l'inscription intermédiaire de la pierre de Rosette. Le savant anglais confondait aussi les hiéroglyphes linéaires avec le système hiératique, comme on le voit dans ses *Hieroglyphics*, ouvrage qu'il publia en 1823, et dans lequel il donne la dénomination de *Hieratic manuscript* à un papyrus contenant des fragments du *Rituel funéraire* (2), tracés en

(1) *Grammaire égyptienne*, page 14 et suivantes.

(2) Je me sers de la dénomination généralement reçue de *Rituel funéraire* pour désigner cette grande composition écrite sur papyrus, ou volume que l'on plaçait dans le cercueil des momies. Un savant archéologue allemand, M. Lepsius, l'a publiée sous le titre de *das Todtenbuch der Ægypter*, c'est-à-dire, *le Livre mortuaire des Égyptiens*, grand in-4° de soixante-dix-neuf planches; Leipzig, 1842. Dans la préface, page 3, il fait remarquer « que ce volume n'est point un rituel funéraire, comme la désignation adoptée par Champollion paraît l'indiquer; qu'il ne contient aucune prescription pour le culte des morts, aucun hymne ou prière destinés à être récités par les prêtres dans les cérémonies de la sépulture ; mais que le défunt s'y montre comme le seul personnage mis en scène, et que le texte n'a rapport qu'à lui et aux rencontres qui s'offrent sur ses pas dans la longue pérégrination qu'il parcourt après sa mort terrestre; que l'on y raconte et

hiéroglyphes linéaires ou sous la forme cursive de l'écriture sacrée (1).

II. Les hiérogrammates recoururent, pour rendre les idées, à trois méthodes ou procédés fondamentaux, l'imitation, l'assimilation et la peinture des sons; d'où naissent trois classes de caractères, figuratifs, symboliques et phonétiques. Les premiers expriment précisément l'objet dont ils présentent à l'œil l'image plus ou moins fidèle et plus ou moins détaillée. Les idées ou les manières d'être physiques, sont du domaine spécial de ce moyen de notation. Mais quelles limites séparent les caractères figuratifs employés uniquement avec cette valeur, d'avec ceux de ces caractères qui remplissent en même temps le rôle de signes déterminatifs, qui sont susceptibles de passer à l'état tropique, ou bien d'être pris comme caractères de son? C'est là une question qui touche à la nature la plus intime des procédés graphiques égyptiens, et dont la solution peut être considérée comme ayant été préparée plutôt que résolue par Champollion. Suivant lui, les hiéroglyphes qui pouvaient être pris alternativement dans une acception figurative ou phonétique, et ceux qui étaient susceptibles de recevoir une valeur tantôt figurative, tantôt symbolique ou phonétique, étaient suivis, lorsqu'ils devaient servir comme caractères figuratifs, d'un signe spécial composé du *segment de sphère* ▬ et de la *petite ligne* ı. Ces caractères ont reçu dans la *Grammaire égyptienne* le nom de *caractères notés*. Ce dernier signe (la petite ligne) indiquait aussi l'état figuratif de plusieurs caractères foncièrement figuratifs ou tropiques et susceptibles en même temps d'être pris comme signes phonétiques, ou bien la transition d'un signe phonétique à l'état tropique ou même symbolico-phonétique (2). Mais si l'on examine une suite de textes hiéroglyphiques, si l'on parcourt même ceux qui se trouvent dans tout le cours de la grammaire de Champollion, on s'apercevra facilement que le segment de sphère, soit seul, soit employé avec la petite ligne, ou bien la petite ligne seule, a un emploi plus

décrit les lieux qu'il visite, ce qu'il fait, entend ou voit, et que l'on y a consigné aussi les prières et les discours qu'il adresse aux différentes divinités devant lesquelles il se présente.»

(1) *Hieroglyphics*, London, in-f°, 1823, planche ı à 6, Hieratic manuscript in the possession of the Earl of Mountnorris.

(2) Les signes symbolico-phonétiques sont ceux qui indiquent à la fois la prononciation du mot que l'objet représente, et la valeur symbolique de cet objet. *Gramm. égypt.*, p. 58 et 59.

3.

général, mais aussi moins régulier que l'on ne pourrait le supposer d'après le précepte énoncé par Champollion, et que ce précepte doit être modifié par de nouvelles recherches. Il n'est, d'ailleurs, appuyé dans la *Grammaire égyptienne* d'aucune de ces citations qui sont répandues avec tant de richesse dans les autres parties de ce grand ouvrage.

Il me paraît que le segment de sphère, soit combiné avec la petite ligne, soit seul, ou bien la petite ligne, annoncent que le caractère qu'ils accompagnent doit être pris, non point comme un élément de l'alphabet phonétique, c'est-à-dire comme exprimant une voix ou une articulation simple, mais comme indiquant que ce caractère doit être lu d'après la prononciation complète qu'avait dans la langue sacerdotale (1) l'objet ainsi représenté (2). La signification figurative ou tropique de cet objet ou image était déterminée soit par l'addition de son nom phonétique, soit d'après la valeur de convention, figurative ou symbolique, qu'il avait par lui-même dans le système d'écriture égyptien, et aussi d'après le sens de la phrase ou la destination du monument. Il existe, d'ailleurs, un moyen très-facile de distinguer si un caractère est figuratif ou bien simplement phonétique. En effet, lorsque c'est dans ce dernier sens qu'il doit être lu, il fait partie d'un groupe qui a toujours pour complément l'un de ces signes auxquels Champollion

(1) J'ai donné plus bas, pages 42—47, des preuves de l'existence de ce dialecte sacerdotal, ou langue sacrée.

(2) C'est ainsi que l'*œil* ◂▰▸, suivi du segment de sphère et de la petite ligne, doit être considéré tantôt comme caractère représentatif de cet organe du corps humain, tantôt comme signe de la prononciation du nom que l'œil avait en égyptien, ΒΑΛ, *bal;* par exemple, dans le nom composé du dieu Bal-Hôr (littéralement, l'*œil d'Horus*), nom dans lequel ce signe conserve en même temps sa valeur figurative. L'*œil* humain, accompagné du segment de sphère seulement, équivaut, suivant Champollion, au, mot ιρι (en dialecte copte-memphitique); ειρε (en dialecte copte-thébain), quelquefois, dans un sens métaphorique, à l'idée *fils, enfant,* et quelquefois aussi il se prend dans une acception purement figurative. Les deux yeux superposés, et sans aucun signe de notation, représentent au propre cette partie du corps de l'homme, Cf. *Grammaire égyptienne,* pages 58, 112, 291, 301, 399 et 520, et le *Dictionnaire égyptien,* page 62 et suivantes.

Le segment de sphère et la petite ligne réunis déterminent plus habituellement les membres du corps humain, tandis que le segment de sphère seul paraît s'appliquer à l'expression figurative de toute sorte d'objets.

a donné le nom de *déterminatifs* (1), et qui peignaient par une image ou un symbole l'idée dont le groupe phonétique était l'expression orale, et auquel ils étaient joints.

Un archéologue, très-versé dans la connaissance des antiquités égyptiennes, que j'ai déjà eu occasion de citer, et auquel les travaux de Champollion ont fourni un thème d'aperçus aussi neuf qu'ingénieux, M. Lepsius, a distingué les cas où les caractères hiéroglyphiques sont accompagnés du segment de sphère et de la petite ligne, d'avec celui où ils sont affectés de la petite ligne seulement, et a pensé que les premiers sont des substantifs du genre masculin, et les seconds des substantifs féminins (2). Mais on voit par la lecture des textes que cette distinction est loin d'être rigoureusement suivie; et d'ailleurs cette observation n'a pour base que la supposition très-gratuite qui attribue le genre masculin ou féminin au nom de certains caractères hiéroglyphiques dont il est impossible souvent de déterminer au juste l'objet qu'ils représentent, ou dont nous ignorons le véritable nom que les hiérogrammates leur donnaient.

Dans un opuscule publié il y a quelques années (3), j'ai signalé la présence purement occasionnelle dans les textes sacrés d'une classe de caractères figuratifs en rapport immédiat avec la destination particulière et locale du monument sur lequel on les lit, tandis que les autres hiéroglyphes de la classe figurative font partie des éléments intégrants et généraux de l'écriture sacrée. Cette distinction explique la raison pour laquelle « la série des signes figuratifs est fort étendue, et, pour ainsi dire, indéfinie(4)», et forme la partie flottante, s'il est permis de parler ainsi, de l'écriture hiéroglyphique. C'est en cette qualité qu'apparaissent sur la pierre de Rosette les caractères qui représentent une *chapelle*, une *stèle*, etc., que l'on a retracé dans les inscriptions des édifices de Thèbes, où sont sculptées les conquêtes des souverains Diospolitains, l'image des prisonniers faits sur l'ennemi, celle des chars de guerre, ainsi que des animaux domestiques ou sauvages offerts en

(1) On trouvera la définition de cette classe de caractères pages 48—51.
(2) *Annali dell' Istituto di corrispondenza archeologica*, t. IX, n° 5, p. 64.
(3) *Examen d'un passage des Stromates de saint Clément d'Alexandrie relatif aux écritures égyptiennes;* Paris, in-8°, 1833.
(4) *Grammaire égyptienne*, page 50.

tribut au vainqueur, et que l'on a représenté dans les inscriptions des hypo-
gées une foule d'objets appartenant à la vie intérieure et privée des Égyptiens. Il semble que les hiéroglyphes figuratifs occasionnels conservent invariablement la valeur de signes-images, ne passent point dans la classe des
symboles ou des signes de son, et constituent une catégorie de caractères
dont il serait utile de dresser une liste spéciale à mesure qu'ils se présentent avec une valeur constatée d'une manière certaine, afin d'en étudier et de bien en définir la valeur et l'emploi. Cette indication est donnée ici comme un simple aperçu, dont le développement exigerait un
travail particulier, qui est en dehors des limites de ce Mémoire; mais j'ai
cru devoir la mentionner, parce que la connaissance nette et précise de
la nature des divers éléments de l'écriture hiéroglyphique est d'une grande
importance pour les progrès de la science des textes sacrés.

Les caractères figuratifs forment le mode d'expression le plus simple de
l'écriture égyptienne, et en général de tous les moyens de rendre la pensée
que l'homme ait inventés. S'ensuit-il que ces caractères aient été, exclusi-
vement à tous les autres, les premiers éléments du système hiéroglyphique?

Telle est l'opinion qu'avait adoptée Champollion dès l'origine de ses
travaux, qu'il consigna dans son Précis, et qu'il a rappelée dans sa Gram-
maire(1). Il pensa que du même jet l'écriture peignit des images, et la langue
articula des onomatopées, les deux premiers, et pendant longtemps les
deux moyens uniques d'expression, suivant lui, que l'humanité ait possé-
dés. Cette opinion tient à l'hypothèse qui fait de l'écriture idéographique
l'œuvre des nations au berceau; hypothèse qui, dans le siècle dernier,
enfanta tant de volumes, et qui, avec ces éternelles comparaisons tirées
des écritures chinoise et mexicaine, a le privilège de faire le fond de toutes
les dissertations sur l'origine de l'écriture. Si nous demandons aux faits
l'irrécusable témoignage qu'ils peuvent nous fournir, ils nous montreront
l'écriture chinoise dans des conditions de formation entièrement différentes de celles qui donnèrent naissance à l'écriture égyptienne. Dans un
mémoire qui fait partie d'un recueil justement estimé(2), Abel Rémusat a

(1) *Précis*, pages 332 et suivantes; *Grammaire égyptienne*, page 23.
(2) Mémoires de l'Académie royale des inscriptions et belles-lettres, t. VIII, p. 18 et suiv.

prouvé que les caractères les plus anciennement usités dans le Céleste empire étaient l'émanation d'une société rudimentaire. Si nous consultons le tableau des caractères figuratifs de la *Grammaire égyptienne*, nous serons conduits à une conclusion tout opposée à celle que l'écriture chinoise a suggérée au savant et spirituel académicien que je viens de nommer. Tout annonce dans les textes hiéroglyphiques un peuple déjà en possession d'une civilisation très-avancée. On chercherait vainement en Égypte la trace des premiers essais par lesquels passa l'art de l'écriture (1). Il nous apparaît déjà perfectionné bien longtemps avant l'invasion que firent dans ce pays les hordes barbares connues sous le nom de *Hykschôs* ou *Pasteurs*, et aussi haut que l'on remonte dans l'histoire des Pharaons. Les inscriptions découvertes par M. le colonel Howard Wyse dans la grande pyramide de Ghizeh, qui fut l'œuvre des premières dynasties memphites, ont mis hors de doute la contemporanéité de cette gigantesque construction et de plusieurs bas-reliefs de Wady Magara(2), où l'écriture hiéroglyphique a les mêmes formes, et les dispose dans le même ordre que sur les monuments sculptés dans le IIe et le IIIe siècle après Jésus-Christ (3).

Si donc les origines du système hiéroglyphique ne peuvent être rattachées à la représentation directe des idées par les caractères-images, elles doivent être cherchées nécessairement dans le symbolisme qui présida à toutes les conceptions de la pensée égyptienne, et qui s'implanta

(1) *Grammaire égyptienne*, page 2.

(2) Voir le *Voyage de l'Arabie pétrée* par MM. Léon de Laborde et Linant, Pl. 5.

(3) M. Champollion-Figeac a reproduit dans la préface du *Dictionnaire égyptien* de son frère, publié par lui, cette théorie du développement identique de l'écriture hiéroglyphique et de l'écriture chinoise. Je crois avoir démontré qu'elle est plus spécieuse que solide.

Je ne veux pas laisser passer ici l'occasion de signaler avec les éloges qu'il mérite le système de classification créé et adopté par le savant éditeur de ce livre, pour disposer la série des signes et groupes hiéroglyphiques. Sa méthode facilite beaucoup les recherches ; il est seulement à regretter qu'il ait associé aux groupes puisés dans la *Grammaire égyptienne* les travaux de son frère antérieurs à la rédaction de ce dernier ouvrage, et que celui-ci avait modifiés ou changés entièrement par la suite, ainsi que des ébauches de traduction qui n'étaient pas prêtes à voir le jour. Ce mélange n'est pas sans utilité pour celui qui, familiarisé avec les doctrines de Champollion, veut en suivre le développement chronologique, mais rend le *Dictionnaire égyptien* tout à fait impropre à des études

si profondément dans le système religieux et social des habitants de la vallée du Nil, comme nous le montrent toutes les formes plastiques ou architecturales qu'ils créèrent, et le témoignage des auteurs anciens. Je n'entends pas dire par là que l'écriture sacrée eut recours aux symboles à l'exclusion des images. Au contraire, je pense qu'elle admit dès sa création ces deux ordres de caractères, et avec M. Lepsius, «qu'il ne peut pas y avoir d'écriture qui ne renferme dès son origine ces deux espèces de signes (1).»

III. Les caractères tropiques ou symboliques consacrés à la peinture des idées abstraites étaient dans un rapport prochain ou éloigné, vrai ou supposé, naturel ou de convention, avec ces idées. Ils étaient formés d'après quatre méthodes principales, qui rendaient la signification du signe plus ou moins éloignée de la forme ou de la nature réelle de l'objet qu'il servait à noter. C'étaient la synecdoche, la métonymie, la métaphore et l'énigme (2).

Cette classification est implicitement comprise dans celle que nous a transmise saint Clément d'Alexandrie dans son cinquième livre des *Stromates* (3), et, au fond, l'une rentre dans l'autre, quoique Champollion n'ait pas établi, à l'imitation du philosophe alexandrin, une division spéciale pour les caractères énigmatiques; mais peut-être saint Clément a-t-il suivi en cela les traditions des sanctuaires égyptiens. La classification du savant français a l'avantage d'être nettement tranchée et graduée dans un ordre très-logique; une échelle ascendante conduit la pensée de la synecdoche à l'énigme, termes extrêmes de cette série, par tous les degrés d'expression artificielle que peut concevoir l'esprit humain. Il n'est pas hors de propos de faire remarquer que cette classification a passé du *Précis* dans la *Grammaire*.

élémentaires et à un usage pratique. Il est fâcheux aussi que, malgré la surveillance que s'est imposée sans doute M. Champollion-Figeac, l'artiste chargé d'exécuter l'impression de ce livre par les procédés lithographiques ait altéré une certaine quantité de formes hiéroglyphiques et de mots coptes. Le *Dictionnaire égyptien*, ainsi que la *Grammaire*, ne sauraient se passer d'un *errata*, dont personne ne doit être mieux en état que l'éditeur de s'occuper.

(1) *Annali dell' Istituto di corrispondenza archeologica*, tome IX, n° 1, p. 23.
(2) *Grammaire égyptienne*, page 23.
(3) Page 657, éd. Potter.

C'est en prenant pour base les explications contenues dans les *Hiéro-glyphiques* d'Horapollon et en les rapprochant des monuments que Champollion a pu déterminer la signification de plusieurs symboles. La science archéologique lui doit les premières notions exactes que l'on ait eues sur la valeur de ce livre, avant lui si mal et si diversement jugé. On peut voir dans le *Précis* et la *Grammaire* toutes les précieuses indications qu'il a su y découvrir. Ce qui fait le mérite de l'ouvrage d'Horapollon, c'est qu'il nous révèle le mode de création de plusieurs conceptions de la symbolique égyptienne. Ce principe fut l'observation des propriétés phénoménales ou internes qui se révélaient dans la nature, sur les bords du Nil, et que les hiérogrammates rattachèrent par un rapport plus ou moins direct à l'être ou à l'idée qu'ils voulurent représenter par l'écriture ou le dessin. Ils trouvèrent dans les habitudes des animaux leurs termes les plus fréquents de comparaison avec les fonctions qu'ils assignaient aux agents de leur système cosmogonique, aux personnages de leur mythologie. La voûte céleste, le règne végétal, l'inondation périodique du Nil, leur prêtèrent des signes pour représenter la marche et les divisions du temps. C'est à l'explication des hiéroglyphes de cet ordre que l'ouvrage d'Horapollon est surtout consacré.

Un autre moyen d'investigation dont se servit Champollion pour arriver à l'interprétation des caractères tropiques fut la comparaison des variantes qu'échangent perpétuellement entre elles les reproductions du même texte dans les exemplaires si nombreux du *Rituel funéraire*, ainsi que l'observation des circonstances archéologiques qui déterminent ou qui accompagnent l'emploi des signes tropiques sur les monuments. Mais la source la plus féconde des découvertes qu'il fit dans l'étude de ces caractères, c'est la sagacité merveilleuse dont il était doué, et dont les résultats paraissent souvent inexplicables, parce que lui seul en avait le secret. Chose surprenante! la classe des hiéroglyphes symboliques est celle qui lui a fourni, comparativement parlant, le plus grand nombre de ses inspirations les plus heureuses et les mieux justifiées.

IV. A la suite des caractères figuratifs et symboliques, et comme dérivant de ces deux classes de caractères, vient se ranger un autre mode d'expression dont les hiérogrammates firent usage, mais dont l'auteur de la

Grammaire égyptienne n'a fait qu'une mention très-sommaire, qu'il a même renvoyée au chapitre III, *section des noms communs exprimés symboliquement.*

Ce moyen d'expression consistait à rendre une idée par un groupe formé de plusieurs caractères combinés ou apposés l'un à côté de l'autre. Ainsi, l'idée *miel* avait pour traduction hiéroglyphique une abeille et un vase; l'idée *mois*, le croissant renversé de la lune et une étoile; l'idée *soif*, un veau, dans l'attitude du galop, placé au-dessus de trois lignes brisées, symbole de l'eau, etc.

L'indication de ce procédé graphique, quoique insuffisante, doit être remarquée dans la *Grammaire égyptienne* avec d'autant plus d'attention que Champollion, dans le *Précis*, avait rejeté formellement l'hypothèse de l'existence des caractères *combinés* dans les textes sacrés. Suivant lui, « les caractères tropiques ou symboliques de l'écriture égyptienne étaient « simples, s'employaient presque toujours isolément, et ne se combi- « naient point habituellement entre eux, comme les caractères simples « chinois, pour former des caractères composés, signes de nouvelles « idées (1). »

Ces caractères de l'écriture chinoise sont formés, ainsi que nous l'ap- prend Abel Rémusat (2), par la réunion de plusieurs signes simples, symboles ou images, en un caractère complexe, dont la signification est la fusion et le résultat des diverses valeurs ainsi rapprochées. On les appelle *Hoëï-i*, et ils constituent la plus considérable des six classes de caractères de l'écriture chinoise.

On lit dans la *Grammaire égyptienne* que « ces combinaisons de signes n'existent qu'en fort petit nombre dans les textes hiéroglyphiques (3). De toutes les opinions émises par Champollion, c'est là une de celles, peut- être, qu'il importe le plus de soumettre à un nouvel examen. Pour s'en convaincre, il suffit de parcourir l'ouvrage même où elle est consi- gnée; il n'est presque pas de page où l'on ne rencontre des caractères de cet

(1) *Précis*, page 347.
(2) *Éléments de la Grammaire chinoise*, page 2.
(3) *Grammaire égyptienne*, page 58.

ordre, et la preuve, par conséquent, qu'ils remplissaient dans le système graphique des Égyptiens un rôle plus important que Champollion ne le supposait. Cette observation, qui m'a été suggérée par une étude longue et réfléchie des textes hiéroglyphiques, est justifiée par une série d'exemples que j'emprunte à l'ouvrage même de notre savant archéologue. (Pl. V.)

Nous assignerons donc aux caractères combinés un rang dans la série des moyens graphiques généraux qu'employaient les Égyptiens, tout en faisant remarquer que si leur mode d'expression les assimile aux signes Hoéï-i, ils en diffèrent néanmoins, en ce qu'ils ne forment point, comme ceux-ci, des monogrammes, mais des groupes dont les éléments restent le plus souvent séparés, tout en se rapprochant d'après certaines convenances calligraphiques.

Il existe cependant dans l'écriture hiéroglyphique un certain nombre de caractères complexes, ou plutôt d'images, composés d'éléments réunis en une sorte de monogramme, et empruntés, soit à la nature vivante, soit aux productions de la main de l'homme. Ces images, créations fantastiques, si bien appropriées au génie symbolique de la vieille Égypte, abondent dans les tableaux des bas-reliefs et dans les inscriptions, et doivent être considérées en réalité comme de véritables caractères combinés. Elles montrent que le principe de ces sortes d'associations était non-seulement connu des Égyptiens, mais leur fut habituel. Pourquoi ce peuple, chez lequel les formes des arts plastiques et celles de l'écriture concourent pour peindre la parole, et semblent se confondre dans ce but, n'aurait-il pas eu recours, dans le courant des textes, aux caractères combinés plus souvent qu'on ne l'a encore soupçonné? Les Chinois n'y ont-ils pas été conduits, pour ainsi dire, logiquement? ne leur ont-ils pas attribué une très-grande extension, et ne s'en servent-ils pas journellement, sans que la clarté de la pensée puisse en souffrir?

Toutes les personnes familiarisées avec la lecture des inscriptions hiéroglyphiques ont remarqué le retour plus ou moins fréquent d'une foule de groupes associant toujours les mêmes caractères dans une disposition à peu près invariable, et se détachant au premier aspect d'un monument, pour un œil exercé, comme autant de points lumineux, du milieu des inscriptions qui les renferment. Ces groupes sont ceux qui sont formés d'après la méthode combinée, et ceux aussi qui le sont d'après la méthode phonétique (1).

Dans quelle proportion les caractères combinés entrent-ils dans l'écriture hiéroglyphique, et quelle nature d'idées sont-ils chargés de représenter? C'est là une question dont la portée est trop facile à pressentir pour qu'elle ne fixe pas un jour l'attention et les recherches des savants qui se consacrent à l'étude des antiquités égyptiennes(2). Une fois éclaircie, il deviendra évident que si, parmi les interprétations de signes et groupes hiéroglyphiques données jusqu'à présent, il est des mots dont la forme semble s'écarter considérablement du génie de la langue copte, c'est parce qu'ils résultent probablement d'une lecture faite en vertu d'une application forcée de l'alphabet phonétique, et qu'ils sont susceptibles d'un tout autre mode d'interprétation. Mais comme la découverte d'une idée grande ou utile appelle naturellement, et d'une manière presque exclusive, la pensée qui l'a conçue, ainsi le développement du principe phonétique devint pour Champollion l'objet d'une prédilection marquée, et à laquelle il tendait à tout rapporter. Les savants qui aspirent à recueillir son héritage littéraire ne doivent accepter qu'après bénéfice d'inventaire, s'il m'est permis de parler ainsi, tous les résultats déduits par lui de cette belle découverte. Déjà un des disciples les plus habiles du maître, Salvolini, avait reconnu que l'application de la méthode phonétique était susceptible de recevoir des modifications. Les études égyptiennes ne sont pas tellement avancées aujourd'hui qu'il faille croire que tous les modes d'expression du système hiéroglyphique et les limites qui les séparent ont été parfaitement reconnus et déterminés; loin de là. Pour se convaincre de la vérité de cette

---

(1) Les groupes phonétiques sont composés de signes qui se remplacent souvent par leurs *homophones* (voir page 32), c'est-à-dire par des hiéroglyphes de formes différentes, mais ayant une même valeur alphabétique. Toutefois le caractère initial ou principal de chaque groupe reste invariable, en constitue l'individualité, et le fait reconnaître très-aisément. Cette observation a pour objet surtout les noms de divinités.

(2) Lorsque de nouveaux loisirs me le permettront, je reprendrai, et je développerai dans un mémoire spécial la théorie des caractères combinés. J'en ai déjà rassemblé un assez grand nombre. Ceux que je donne Pl. V ne doivent être considérés que comme un spécimen.

assertion, il suffit de parcourir les transcriptions en copte des groupes hiéroglyphiques qui se trouvent traduits dans plusieurs des ouvrages d'archéologie égyptienne qui ont paru dans ces derniers temps. Un grand nombre
de ces transcriptions, en contradiction flagrante avec le génie étymólo-
gique et grammatical de cette langue, proviennent évidemment d'un emploi faux ou exagéré du principe phonétique.

Il est donc nécessaire, pour parvenir à connaître l'extension que les hiérogrammates donnèrent à ce principe dans les textes sacrés, de s'attacher à
déterminer celle qu'ils attribuèrent aux autres méthodes de l'écriture hiéroglyphique. Continuons notre examen.

V. Les caractères phonétiques sont ainsi nommés parce que chacun d'eux
représente, non pas une idée, mais un son ou une articulation. Ils constituent, dans la théorie de Champollion, la troisième classe des caractères
et la plus importante, « puisque les signes qui la composent, dit-il, sont
« d'un usage bien plus fréquent que ceux des deux premières, dans les textes
« hiéroglyphiques de tous les âges (1), et qu'ils forment en réalité les trois
« quarts au moins de chaque texte (2). »

La série des signes phonétiques forme un véritable alphabet, et non un
syllabaire (3).

Le principe fondamental de la méthode phonétique consiste à représenter une voix ou une articulation par la peinture d'un objet physique,
dont le nom en langue égyptienne parlée avait pour initiale la voix ou
l'articulation qu'il s'agissait de noter. Ainsi un *aigle*, ⲁϩⲱⲩ (en dialecte
memphitique), ⲁⲍⲱⲩ (en dialecte thébain), était le signe de la voyelle A ;
le *nycticorax*, ⲩⲟⲧⲗⲁⲭ, de l'articulation M ; la *main*, ⲧⲟⲧ, de la consonne T, etc.

En continuant d'examiner les exemples produits à l'appui de cette règle, il
est aisé de se convaincre qu'elle n'a point, quant à son origine et à son application, cette généralité que Champollion lui a attribuée, et de reconnaître tout
ce qu'il y a souvent de hasardeux à rattacher tel ou tel mot du dictionnaire
copte à la peinture d'un objet physique dont le type est pour nous aujour-

(1) *Grammaire égyptienne*, page 27.
(2) *Ibid.*, page xviij.
(3) *Ibid* , page 27.

d'hui incertain ou inconnu. Aussi les caractères *houppe de roseau, champ, bouche, œuf, jardin* (1), etc., offrent des images qui rappellent à peu près la forme de ces objets, sans qu'il soit possible le moins du monde d'en affirmer l'identité. Champollion s'est donc trop hâté de tirer de ces rapprochements une formule générale et absolue, et ce qui achève de le prouver, c'est qu'elle ne saurait convenir au mode de création de plusieurs carac_tères de son alphabet phonétique. Je citerai le *vautour*, ⲛⲟⲩⲣⲉ, dont le nom commence par un N, et qui est le signe de l'articulation M ; la jambe, ⲡⲁⲧ, dont la première lettre est un ⲡ, et qui exprime le B ; le bœuf, ⲉⲍⲉ, qui est l'équivalent du K ; le *vase*, ⲍⲛⲟ, qui représente le N (2), etc. La série des caractères phonétiques que l'alphabet de la *Grammaire égyptienne* renferme, au nombre de deux cent trente-deux, n'en fournit guère que dix-huit, qui rentrent avec plus ou moins de justesse dans la règle que l'auteur a posée.

Salvolini essaya de rendre raison de ces contradictions, en élargissant les bases du système phonétique égyptien. Il prétendit que « tout « hiéroglyphe phonétique est l'image d'un objet physique, qui rappelle, « soit *directement*, soit *indirectement*, un mot de la langue égyptienne qui « commence par la voix ou l'articulation que le signe lui-même est destiné « à exprimer (3); » c'est-à-dire que les caractères de son avaient pour principe générateur la lettre initiale du nom qu'ils portaient dans le copte, et celle du nom symbolique qu'ils avaient dans la langue sacrée. Le vautour, emblème de l'idée *mère*, ⲙⲁⲩ, en égyptien, exprimait l'articulation ˙M, parce que cette lettre était l'initiale de son nom hiéroglyphique. Cette explication est ingénieuse; il y a tout lieu de croire même qu'elle n'est pas sans fondement; mais son auteur ne l'ayant appuyée que de quelques exemples, dont plusieurs sont même très-contestables, on doit la regarder comme une hypothèse dont la démonstration est encore à donner.

Les deux moyens de formation des hiéroglyphes phonétiques indiqués par Champollion et Salvolini ne furent pas les seuls, à ce qu'il paraît, que pratiquèrent les Égyptiens. En voici un autre. Ils firent d'un signe idéographique, et quelquefois d'un caractère figuratif, l'initiale d'un groupe pho-

(1) *Gramm. égyptienne*, Alph. phonétique, n°ˢ 1, 64, 98, 160 et 196, page 34 et suiv.
(2) *Ibid.* N°ˢ 119, 49, 65, 131—133.
(3) *Analyse grammaticale raisonnée de différents textes égyptiens*, Introduction, p. 81.

nétique représentant un mot de la langue parlée, dont le symbole seul ou l'image rappelait primitivement l'idée. Ainsi le théorbe, emblème de la *bienfaisance*, qui se disait (ᴜᴇᴛ) ɴᴏϥᴘᴇ en copte, fournit la première lettre du mot hiéroglyphique ɴϥᴘ, qui exprimait ainsi par des signes de son la même idée. La *croix ansée* ♀, symbole de la *vie*, devint l'ꙍ (ô) initial du groupe phonétique ꙍɴʜ (dialecte memphitique), signifiant *vie* en copte. L'*arc* fut *choisi* avec la valeur de l'articulation ɴ (P), comme le signe initial du groupe phonétique ɴᴇᴛᴛᴇ (dialecte thébain), et ⲫⲓ⳱ (dialecte memphitique), *arc; un filet* à prendre les oiseaux devint la lettre nitiale ᴄ (S) du groupe ᴄⲩᴛ, *prendre au filet*, en copte ᴄᴇⲩᴛ, ᴄᴏⲩᴛ, ᴄꙍⲩᴛ (dialecte thébain), *contenir, détenir, empêcher* (1). On peut voir d'autres exemples de ces deux méthodes graphiques dans la série des symboles et dans celle des images ou caractères figuratifs développés phonétiquement. (Pl. II et III.)

Il y a plus : si l'on étudie l'alphabet phonétique de Champollion, et celui beaucoup plus considérable, mais en partie conjectural, de Salvolini, et si l'on examine dans les ouvrages de ces deux savants les lectures qu'ils en ont déduites, on se convaincra que le principe phonétique avait quelquefois son origine non-seulement dans le symbole ou l'image, comme je viens de le montrer, mais encore dans l'emploi occasionnel de tel ou tel caractère sur un monument particulier, et était suggéré par des circonstances spéciales de temps, de localité ou de personne. Cette observation est mise en évidence par l'étude des textes de la basse époque, c'est-à-dire contemporains des derniers Lagides et des empereurs romains, et nous donne la raison des déviations phonétiques si nombreuses que l'on remarque dans ces textes, et de la valeur très-différente, comme signes de son, attribuée à plusieurs hiéroglyphes. Les diverses circonstances où on les employait devaient sans doute en préciser la valeur locale, et empêcher la confusion. Mais il faut bien prendre garde de conclure de cette affectation spéciale que reçurent dans ces siècles de décadence certains caractères phonétiques

---

(1) Le nom phonétique du dieu *Noub*, transcrit sous la forme χνοῦφις par les auteurs grecs, offre un exemple curieux de l'interversion de cette méthode graphique : la figure de ce dieu, criocéphale, au lieu d'être l'élément initial de ce groupe phonétique, en est le dernier, et y entre en prenant la valeur du B. (Voir Pl. II, A, et *Dict. égypt.*, page 414.)

à un emploi général et régulier de ces caractères pendant les temps où l'art égyptien et l'écriture sacrée conservèrent leur perfection, je veux dire sous les règnes des anciens Pharaons.

C'est en me plaçant aux divers points de vue qui viennent d'être indiqués que j'ai analysé l'alphabet phonétique et séparé les éléments de provenance très-diverse qu'il admet. (Pl. I, 1—5.)

A chaque voix ou articulation de l'alphabet phonétique l'usage avait assigné plusieurs caractères différents de forme comme de proportion (1). Champollion les a nommés *homophones*, parce qu'ils servent à noter un même son; et il nous apprend que l'emploi de chacun d'eux est loin d'être arbitraire. En effet, les Égyptiens s'attachèrent, par le choix de tel caractère de préférence à tel autre, à symboliser en quelque sorte l'objet de l'idée, et en même temps à rendre le mot qui lui servait de signe dans la langue orale; par exemple, le *lion* figure dans les noms et les titres des Lagides et des empereurs romains pour exprimer les consonnes L, R : dans le cartouche de Tibère-Claude, sculpté sur le portique d'Esneh, consacré au dieu Ammon-Chnouphis, le B du mot *Tibère* est rendu par le *bélier*, animal qui est l'emblème du dieu du temple, tandis que le B de ce même nom propre *Tibère* est rendu par des signes tout différents dans les sculptures du temple de Denderah, consacré à Athòr, la Vénus égyptienne. Enfin, dans beaucoup de noms et de titres impériaux romains, la voyelle A est exprimée par l'*aigle*, symbole bien connu de la puissance romaine(2). D'un autre côté, il devient évident que ces changements de caractères homophones avaient lieu afin de faciliter la disposition et l'arrangement régulier des signes hiéroglyphiques en colonnes verticales ou en lignes horizontales, selon l'étendue de l'espace destiné à recevoir un texte écrit ou une inscription sculptée(3).

Le son des caractères-voyelles de l'alphabet phonétique égyptien n'a pas plus de fixité que celui des signes-voyelles dans les alphabets hébreu, phénicien et arabe; il subit absolument les mêmes variations(4). « En effet,

(1) *Grammaire égyptienne*, page 28.
(2) *Précis*, chapitre IX, § VIII, des caractères phonétiques.
(3) *Grammaire égyptienne*, page 29.
(4) *Ibid.*, page 31.

les signes-voyelles des Égyptiens représentent proprement l'aspiration ou
le jeu de l'organe vocal, servant d'appui à la prononciation des sons.» Cette
observation de Champollion est très-exacte et très-claire. Celle qui suit
l'est beaucoup moins. Il prétend « que la plupart des voyelles médiales des
« mots sont habituellement omises dans les portions de textes hiéroglyphi-
« ques ou hiératiques formées de signes phonétiques, comme dans les textes
« hébreu et arabe (1).» Mais si la présence ou la suppression des caractères-voyelles dans le corps des mots égyptiens paraît rappeler en certains
cas le mode de transcription en usage chez les peuples sémitiques, néanmoins
ces analogies sont plus apparentes que réelles. Distinguons d'abord les éléments alphabétiques qui, dans le système graphique égyptien, répondaient
à ceux qui sont désignés dans le système sémitique sous le nom de *lettres*
faibles, א, ה, ו et י en hébreu et en chaldéen, ا, و et ى en arabe, d'avec
les motions ou simples voyelles. Cela posé, nous trouvons que l'écriture
hiéroglyphique ne nous présente guère de lettres faibles qu'au commencement et à la fin des mots où elle les admet seulement comme élément vocal
destiné à soutenir la prononciation, et que ce n'est qu'au milieu des mots
qu'elle supprime les voyelles ou motions, soit longues, soit brèves (2).

Rien de semblable ne se rencontre dans l'écriture des idiomes sémitiques.
Les lettres faibles tiennent à l'essence même de la langue, et se placent
dans le corps des mots comme au commencement et à la fin, d'après les
lois de leur structure étymologique ou grammaticale. Les Égyptiens sup-
pléaient au vague des mots privés de leurs voyelles médiales en écrivant
après chaque groupe phonétique un caractère additionnel, *déterminatif*,
qui faisait connaître à la fois l'acception du mot auquel on l'ajoutait, et la
prononciation à lui donner. Dans les écritures sémitiques, la forme lexi-
cographique ou grammaticale des mots se rapporte à un paradigme invariable, qui indique, sans autre secours que celui de la forme elle-même,
les voyelles ou motions qu'il faut réintégrer à la lecture.

---

(1) *Grammaire égyptienne*, page 31.

(2) En examinant une suite de mots hiéroglyphiques, on s'aperçoit facilement que le
même mot tantôt admet une ou plusieurs voyelles médiales, tantôt les néglige entièrement, et souvent les rend par des caractères représentant des voyelles de nature dif-

Les articulations aspirées de la langue copte sont rendues dans les textes
hiéroglyphiques par les mêmes signes que les articulations simples correspondantes, c'est-à-dire qu'une même série de signes homophones sert
pour le т (T), et le ѳ (Th); le ⲛ (P), et le Ф (Ph); le ⲍ (H), et le ⲃ (Hh),
le ⲕ (K) et le ⲭ (Ch). Les deux liquides ⲗ (L), et ⲣ (R), s'échangent réciproquement, d'après un principe de permutation qui existe encore en
copte, le dialecte baschmourique remplaçant par un ⲗ (L), le ⲣ (R) des
dialectes memphitique et thébain.

Maintenant conclurons-nous avec l'auteur de la *Grammaire égyptienne*
que, par suite de ces diverses circonstances et du vague des voyelles, toutes
les différences de dialectes disparurent dans les textes rédigés en écriture hiéroglyphique et en écriture hiératique? Oui, si l'on admet avec
moi l'existence d'un dialecte de la langue égyptienne adapté à l'écriture
hiéroglyphique, c'est-à-dire d'une langue sacrée différant de l'idiome vulgaire, non-seulement par l'usage d'un alphabet plus simple, mais aussi
par des expressions qui lui étaient propres. Une preuve à l'appui de cette
hypothèse nous est fournie par l'alphabet phonétique, où nous voyons
que la langue sacrée ou hiéroglyphique distinguait les deux articulations
correspondantes ⲍ (H), et ⲃ (Hh), l'une douce, l'autre forte, tandis qu'elles
étaient confondues dans le langage vulgaire de l'Égypte supérieure. En effet,
le dialecte thébain n'a qu'une seule lettre, le ⲍ, représentant l'articulation
douce H, pour exprimer ce son et celui du ⲃ, qui est particulier au dialecte memphitique ou de la basse Égypte.

L'alphabet phonétique comprend douze articulations et cinq voyelles, et
reproduit, sans aucun doute, l'alphabet primitif des Égyptiens, la plus ancienne manière de rendre les effets vocaux de leur idiome. Il nous apparaît
en usage sur les monuments de l'âge le plus reculé, comme sur les édifices
les plus récents. Il est probable qu'une fois adopté par les hiérogrammates,

férente. Aucun système fixe et régulier ne paraît avoir été suivi à cet égard. On pourrait
en tirer la preuve que la création du principe phonétique dans les textes n'est pas
contemporaine de l'invention de l'écriture hiéroglyphique, et que c'est un moyen auxiliaire d'expression imaginé après coup, mais qui a reçu de très-grands développements
dans la suite, par la nature et le nombre d'idées et de faits que les hiérogrammates
durent à représenter.

son immutabilité fut établie en dogme religieux. Elle fut maintenue si rigoureusement, que nous les voyons recourir à la combinaison des caractères ПΖ (Ph), pour exprimer le Φ (Ph), du nom de Philippe-Aridée, articulation qu'ils avaient dans leur langue usuelle, et rendre par un même signe le Τ et le Θ, le Π et le Φ, le Κ et le Χ, dont la prononciation était cependant chez eux parfaitement distincte, puisque toutes ces articulations ont un signe spécial dans l'écriture copte.

Il ne faut pas croire que l'alphabet de cette langue, tel que nous l'offrent les grammaires que nous possédons, avec ses vingt-quatre lettres grecques, accrues de sept caractères égyptiens, reproduise pour nous l'ordre systématique des effets vocaux, dont l'ensemble constituait l'idiome parlé par les anciennes populations des bords du Nil : ce n'est là qu'un arrangement artificiel, un tableau pour l'œil. Champollion l'a introduit sous cette forme dans sa Grammaire (1), et sans l'accompagner d'aucune observation. Mais l'on ne doit évidemment compter comme éléments de l'alphabet copte que les caractères ou les voix réellement en usage chez les Égyptiens. Ainsi, les lettres Γ, Ϫ, Ξ, Υ, ϯ, leur étaient étrangères, et le ✚ n'est qu'une ligature pour Τ et Ι. Il faut donc retrancher ces lettres, qui ne se rencontrent dans aucun mot appartenant originairement à la langue copte. Ce travail d'élimination nous fait retrouver l'ancien alphabet égyptien, où figuraient, au dire de Plutarque (2), vingt-cinq lettres, qui doivent être les suivantes : Ⲁ, Ⲃ, Ⲉ, Ⲏ, Ⲑ, Ⲓ, Ⲕ, Ⲗ, Ⲙ, Ⲛ, Ⲟ, Ⲡ, Ⲣ, Ⲥ, Ⲧ, ⲞⲨ, Φ, Χ, Ⲱ, ϣ, ϥ, ϧ, ϩ, ϫ, ϭ.

Le tableau des hiéroglyphes phonétiques dans la *Grammaire égyptienne* se compose de trois colonnes. La première présente les caractères hiéroglyphiques, la seconde leur forme hiératique correspondante, et la troisième leur valeur en lettres coptes. Ce tableau est plus développé dans le *Précis*, et, suivant moi, d'une utilité pratique plus immédiate, car il comprend, rangés en quatre colonnes, et en correspondance, les hiéroglyphes purs, les hiéroglyphes linéaires, les caractères hiératiques et les caractères démotiques.

Les hiéroglyphes phonétiques, qui, dans la *Grammaire égyptienne*,

(1) *Grammaire égyptienne*, page 34.

(2) *Traité d'Isis et d'Osiris*, Plutarch. Opp., tome II, page 374. Paris, in-folio, 1624.

5.

sont marqués B. E. (Basse époque), ne se rencontrent que sur les monuments élevés sous les derniers Lagides et les empereurs romains. D'autres, mais en très-petit nombre, notés E. S. (Écriture secrète), n'ont été observés que dans certains textes, écrits sous le règne des souverains de la XIXᵉ dynastie, et conçus, suivant Champollion, en une espèce d'écriture secrète. Mais quelles preuves avons-nous que les hiérogrammates aient voulu, en usant de ces formes insolites, et d'une *sorte d'argot*, comme s'exprime notre savant archéologue, voiler ainsi leur pensée? N'est-il pas plus naturel de supposer que cette déviation tient plutôt à la destination même des monuments et aux mythes retracés dans les bas-reliefs qui les décorent? Les hiéroglyphes phonétiques de la basse époque sont, comme je l'ai fait remarquer plus haut, des anomalies nées dans ces temps de décadence et de mauvais goût, de l'emploi irrégulier et avec un sens général, de caractères qui, à une époque antérieure et par essence, avaient une valeur spéciale, symbolique ou phonétique.

L'on conçoit comment, par leur nature même, les signes phonétiques donnent lieu, dans le courant des textes, à des associations de caractères en rapport, par leur forme graphique extérieure, avec celle des mots de la langue qu'ils ont la fonction de représenter. L'analyse de ces groupes nous les montre comme se composant de signes appartenant à deux catégories bien distinctes. La première comprend un nombre assez limité de caractères qui reviennent dans les textes avec une fréquence qu'il est impossible de ne pas remarquer, et qui a été signalée par Champollion. « Ces mêmes signes, dit-il, sont précisément ceux qui, dans les inscriptions « hiéroglyphiques, se présentent sans cesse, se reproduisent à chaque ins- « tant, au point de former les deux tiers au moins des inscriptions hiéro- « glyphiques de toutes les époques (1).» Nous donnerons à ces caractères, qui constituent la base de l'écriture sacrée, le nom d'*hiéroglyphes fondamentaux*. (Pl. I.) Ce qui les distingue, c'est que seuls ils peuvent changer leurs homophones dans un groupe ou mot hiéroglyphique. Les

(1) *Précis*, chapitre IX, § 8, des caractères phonétiques.

La même observation a été faite et développée avec une sagacité très-ingénieuse et des vues très-justes par M. Lepsius, *Annali dell' istituto*, etc., loc. laud. Cf. notre page 21, note 3.

autres, employés beaucoup moins souvent, ne le sont presque jamais que dans un groupe spécial, où ils apparaissent comme premier ou principal élément. Dans cette dernière catégorie il faut ranger :

1° Les caractères initiaux dont il a déjà été question (1), véritables symboles qui, sans perdre leur valeur tropique, deviennent le premier élément d'un groupe développant sous une forme phonétique le mot que le symbole représentait à lui seul dans l'origine. Ce qui distingue surtout les symboles pris comme caractères de son des hiéroglyphes phonétiques fondamentaux, c'est que ceux-ci expriment chacun isolément une voix ou une articulation, tandis que les autres peuvent apporter dans la composition des mots la prononciation entière du symbole qu'ils représentent. Ainsi l'hiéroglyphe idéographique ⟶ qui signifie *seigneur, maître*, ⲚⲎⲃ, entre dans la formation des mots *NEBdjer*, surnom d'Osiris, *ThyNABounoun*, nom de la nécropole de Thèbes, *NEBti*, la déesse Nephthys, Νέφθυς.

La multiplicité des caractères qui, dans le système graphique égyptien, sont affectés à l'expression d'un même son, permit d'en choisir un entre autres symbolisant l'acception bonne ou mauvaise qui doit être attribuée à la personne ou à la chose dont on voulait transcrire le nom.

2° Les caractères figuratifs pris comme premier élément d'un groupe développant sous une forme phonétique le nom que portent par eux-mêmes ces caractères comme signes-images, en sorte qu'ils ont à la fois une valeur figurative et une valeur phonétique. (Pl. III.)

3° Les hiéroglyphes phonétiques employés comme élément initial et invariable d'un groupe particulier, afin, sans doute, de caractériser la physionomie de ce groupe, et d'en déterminer d'une manière spéciale la signification. (Pl. I, 2.) Peut-être aussi ces hiéroglyphes doivent-ils être considérés plutôt comme des symboles développés phonétiquement.

4° Les caractères qui, placés dans l'intérieur de certains groupes, y figurent néanmoins comme élément principal (2), ou comme étant ailleurs d'un emploi très-rare.

(1) Pages 30 et 31.
(2) Cela a lieu, par exemple, dans le nom du dieu *Athmou*, où l'on voit une sorte de *traîneau* ⳠⲠⲧ, qui est le symbole de ce dieu, et qui est particulier à ce groupe ; dans celui

Cette habitude de déterminer la forme extérieure d'un groupe au moyen d'un élément initial ou principal invariable me suggère une observation. La physionomie d'un groupe phonétique étant indiquée par un caractère initial ou principal invariable, les hiérogrammates purent disposer le reste des caractères de ce groupe suivant des convenances calligraphiques ou la nature de l'espace sur lequel les caractères étaient tracés, tout en rompant quelquefois la forme lexique ou grammaticale du mot, et souvent ils purent négliger ou omettre un ou plusieurs caractères du groupe ainsi déterminé, sans que la clarté en fût altérée, et sans que l'on pût hésiter à restituer à la première vue la forme régulière ou complète du mot. Il résulta aussi de là l'usage, dans les mots finissant par une consonne muette, de rejeter après elle, à la fin des mots, la voyelle qui devait être prononcée entre la pénultième et cette dernière consonne. M. Lepsius a démontré cette règle par une suite d'exemples très-concluants. Ainsi le nom du dieu Anubis, que Champollion et Rosellini transcrivent constamment sous la forme *Anebo*, doit se lire *Anoub*, qui est la véritable prononciation égyptienne; un nom de peuple, que M. Wilkinson lit *Canana*, doit être rendu par *Kanaan*, ce qui nous donne le כנען des livres hébreux ou le nom correct et véritable du peuple *Kananéen*.

5° Les caractères spéciaux, notés E. S. (Écriture secrète, par Champollion.

6° Ceux qui n'ont été observés que dans les textes de la basse époque, et pour la transcription des noms des derniers Lagides et des empereurs romains.

D'après ce que je viens de dire, on peut juger dans quelles limites il faut restreindre la règle beaucoup trop étendue par Champollion : — « que la série des caractères de l'alphabet phonétique se retrouve dans « tous les textes hiéroglyphiques et hiératiques de toutes les époques; « que la valeur individuelle aussi bien que la forme de chaque signe

du dieu Hapi, où se retrouve toujours le *niveau*. Dans les noms divins, composés uniquement d'hiéroglyphes fondamentaux, ces caractères, disposés dans un ordre invariable, rejettent l'emploi des homophones. Cette exclusion a sans doute pour cause la pensée religieuse qui consacrait d'une manière irrévocable la forme graphique des noms des divinités, et sans doute aussi le désir de rendre ces groupes reconnaissables au premier coup d'œil, dans l'intérêt de la clarté des textes.

« ne paraissent pas avoir éprouvé de modification ni d'altération sen-
« sible (1). »

De cette distinction entre les hiéroglyphes fondamentaux et les hiéroglyphes spéciaux, il s'ensuit que les premiers, ayant une valeur constatée par
l'analyse d'une série de groupes hiéroglyphiques dont la lecture est indu-
bitable, puisque cette série comprend des noms propres grecs et romains,
perses, ou des noms pharaoniques, qui nous sont connus d'ailleurs, des
formes grammaticales ou des mots encore existants dans le copte, doivent
conserver pour nous une valeur également certaine dans les mots hiéroglyphiques qui ont disparu des textes coptes parvenus jusqu'à nous, et
de plus que nous pouvons retrouver à peu près la prononciation de ces
mots hiéroglyphiques, autant que le permet du moins l'absence des motions
ou voyelles et la valeur encore douteuse pour nous de plusieurs caractères
phonétiques ; — que les seconds, échappant, par l'emploi spécial ou restreint qu'ils affectent, à toute analyse ou à une analyse contrôlée par des
épreuves répétées, ne peuvent donner lieu qu'à une lecture conjecturale.

La distinction que je viens d'indiquer nous donne maintenant la possibilité de tracer une ligne de démarcation entre les divers groupes phonétiques
déchiffrés par Champollion, et d'établir un premier moyen d'appréciation de
son système. D'un côté sont les groupes qui admettent seulement des hiéroglyphes fondamentaux ; ils forment une partie considérable des lectures
du savant hiérogrammate français, et une preuve incontestable de la so-
lidité des bases sur lesquelles repose son système. De l'autre se trouvent les
groupes dont le premier ou le principal élément est un hiéroglyphe spécial.
Ceux-ci, on le conçoit sans peine, sont susceptibles seulement d'une interprétation dont la valeur, toujours conjecturale, varie suivant le plus ou
moins de fréquence des applications qu'ils ont reçues de lui, le plus ou
moins de justesse avec laquelle ils s'accordent pour le sens avec l'ensemble
des phrases où il les a rencontrées.

Cette première division générale nous conduit à une autre classification :
c'est celle dans laquelle les mots hiéroglyphiques, considérés comme éléments du discours, quant à leur origine et à leur signification particulières, doivent être rangés d'après la certitude ou bien les degrés très-

(1) *Grammaire égyptienne*, page 47.

divers de simple probabilité qu'offre la lecture qu'en a fournie Champollion. Elle comprend cinq séries, que je désignerai par les lettres A, B, C,
D, E, et qui renferment (1) :

A. Les mots qui dans les textes sacrés sont identiques, pour le sens
et pour la forme, avec les mots conservés dans la grammaire et les lexiques
coptes (2), dans les inscriptions grecques ou les écrits des anciens. Ces mots
constituent, comme je viens de le dire, une partie notable de ceux qu'a
déchiffrés Champollion, et l'interprétation qu'il en a donnée est sanction-
née aujourd'hui par les épreuves les plus multipliées et les plus décisives.
La découverte du système qui l'a guidé pour parvenir à ce résultat doit
être regardée comme son plus beau titre de gloire. C'est, en effet, par le
secours que ce système lui a prêté qu'il a pu rétablir la chronologie des
souverains qui régnèrent sur l'Égypte à des époques successives, Pharaons,
Perses, Lagides et empereurs romains; déterminer l'âge des édifices qui
s'élèvent sur les bords du Nil, depuis Alexandrie jusqu'au fond de la
Nubie; retrouver en très-grande partie les formes grammaticales usitées
dans les textes sacrés, et lire plusieurs noms des divinités du Panthéon
égyptien.

Cependant une observation est ici nécessaire. Un assez grand nombre
de mots coptes, de significations très-diverses, ayant une racine qui présente

(1) Cf. l'Annexe, à la fin de mon Mémoire, page 57.

(2) Lorsque l'on voit dans la *Grammaire égyptienne* le mot copte mis en regard du
mot hiéroglyphique s'accorder pour la forme avec ce dernier, cette identité pourrait
faire supposer que les deux mots, ayant une même forme graphique, ont une signification semblable, mais cette coïncidence n'existe pas toujours. Ainsi, pour ne citer ici
que quelques exemples, le verbe ⲀⲨⲞⲨⲒ, que Champollion traduit, page 369, par
envelopper, cacher, être caché, a en copte le sens de *saisir, détenir, posséder*, ⲤⲈⲨ, *fermer*,
page 373, ⲤⲈⲨⲦ, copte, veut dire *contenir, empêcher*, ⲤⲀⲦ, *conduire une barque à
la cordelle*, page 374, exprime dans cet idiome l'idée de *tissu, fil tissu*; ⲤⲰⲂ, ⲤⲈⲂ, *être
rusé, fin, adroit*, page 374, est le copte ⲤⲀⲂⲈ, *savant, sage, prudent*, de la racine
ⲤⲂⲰ, *science, doctrine*; ⲞⲨⲈ, *répondre*, page 378, n'existe en copte que sous la forme
ⲞⲨⲈ—ⲬⲰ, *courber la tête, se soumettre*; ⲢⲰⲔ, *butiner, rendre captif, conduire en
esclavage*, page 380, signifie *lier, entourer*; ⲤⲰⲚⲦ, *soutenir, défendre, venger*, page 380,
reçoit dans cette langue la valeur de *créer, former, être au service de quelqu'un, veiller,
prier, présider*.

les mêmes consonnes, et ne se distingue que par les voyelles (1) ou une racine qui se compose seulement de voyelles (2), ne peuvent donner lieu, dans les textes hiéroglyphiques où ils s'offrent à nous, qu'à une lecture et une interprétation douteuses, à cause de l'absence des voyelles médiales, ou du peu de fixité qu'a cet élément vocal dans les transcriptions hiéroglyphiques, ou

(1) Tels sont, par exemple, les mots ϭⲁⲣ (dialecte thébain), *écrire;* ϭⲁⲣ (id.), *vrille;* ϭⲉⲣϭ (id.), *rassembler;* ϭⲁⲣϭ (id.), *détourner, éloigner;* ϭⲁⲣⲟⲩ (id.), *maudire;* ϭⲟⲣϭ (id.), *être fou;* ϭⲟⲣⲓ (dialecte memphitique), *reprendre, corriger;* ϭⲟⲟⲩⲣϭ (dialecte thébain), et ϭⲱⲟⲩⲣⲓ (dialecte memphitique), *œuf, sommet d'une chose;* ϭⲱⲣϭ (dialecte thébain), *tisser,* et les dérivés de ces racines. Autre exemple : ϣⲁϣ (dialecte memphitique), *coup, plaie;* ϣⲁϣ (id.), *garde-robe, planches;* ϣⲉϣ (dialecte thébain et memphitique), *répandre, disperser, exhaler;* ϣⲓϣ (dialecte memphitique), *vengeance, punition;* ϣⲟϣ (dialecte thébain et memphitique), *buffle;* ϣⲟⲉⲓϣ (dialecte thébain), ϣⲱⲓϣ (dialecte memphitique), et ϣⲁⲓϣ (dialecte baschmourique), *poussière;* ϣⲱϣ (dialecte thébain), *égaler;* et ϣⲁⲓϣ (dialecte baschmourique), *paire de bœufs;* ϣⲱϣ (dialecte thébain et memphitique), *mépriser;* ϣⲱϣ (dialecte memphitique), *van;* ϣϣⲉ (dialecte thébain), *il faut, il est juste;* ϣϣⲱⲟⲩ (dialecte memphitique), *désir;* ϣⲁϣⲓ (id.), *amertume;* ϣⲁϣⲟⲩ (dialectes thébain et baschmourique), *bouteille, cruche;* ϣⲓϣⲓ (dialecte memphitique), *puissant;* ϣⲟⲩϣⲟⲩ (dialectes thébain, memphitique et baschmourique), *louer, glorifier;* ϣⲟⲩϣⲟⲩ (dialecte memphitique), *chèvre de montagne, oryx;* ϣⲱⲟⲩϣⲓ (id.), *sacrifice.*

(2) ⲁ (dialecte thébain), et ⲁⲓ (dialecte memphitique), *faire, être;* et ⲉⲓ (dialecte baschmourique), *faire, labourer;* ⲁⲉⲓⲱ (dialecte thébain), *pieu;* ⲁⲓⲁⲓ (dialectes thébain et memphitique); ⲁⲓⲉⲉⲓ (dialecte baschmourique), *croître, être magnifié;* ⲁⲟⲩⲱ (dialecte memphitique), *prendre* ou *mettre en gage;* ⲁⲩ (dialecte thébain), *donnes, rends, portes;* ⲁⲩⲱ (dialectes thébain et baschmourique), *et, aussi;* ⲉⲓ (id.), *aller, venir;* ⲉⲓⲁ (dialecte thébain), *vallée;* ⲉⲓⲁⲁⲩ (id.) et ⲓⲁⲩ (dialecte memphitique); *lin;* ⲉⲓⲉ et ⲉⲉⲓⲉ (dialecte thébain), *certes;* ⲉⲓⲱ (dialecte thébain) et ⲓⲱ (dialecte memphitique), *âne;* ⲉⲓⲱ et ⲉⲓⲁ (dialecte thébain), *laver, purifier;* ⲉⲟⲟⲩ (dialecte thébain et baschmourique), ⲉⲁⲩ (dialecte baschmourique), et ⲱⲟⲩ (dialecte memphitique), *gloire,* etc., etc. La série des voyelles ⲏ, ⲓ, ⲟ, ⲟⲩ, ⲱ, dans le dictionnaire copte, me permettrait, si je le voulais, de grossir considérablement le nombre des mots qui ne se composent que de voyelles. Quoique les hiérogrammates égyptiens semblent avoir affecté plus volontiers une suite de signes à l'expression de telle voyelle plutôt que de telle autre, cependant les transcriptions données dans la Grammaire de Champollion prouvent qu'ils ne suivirent point pour cette notation un système fixe et parfaitement régulier, ou que du moins ce système n'a pas encore été entièrement retrouvé. Cette dernière opinion est plus probable.

bien à cause du vague de plusieurs consonnes égyptiennes (1), à moins
que le secours d'une inscription grecque, comme celle de la pierre de Rosette, le témoignage des écrivains de l'antiquité, le sens bien connu de la

(1) Dans l'alphabet phonétique, le ⲗ et le ⲡ sont rendus par la même série de signes
(*Grammaire égyptienne*, page 41). Plusieurs caractères homophones peuvent représenter
également le ⲝ, le ⲟ̄, et souvent le ⲕ, d'autres le ⲏ, le ⲭ et le ⲱ, et quelques-uns le ⲃ,
ou bien ⲟⲩ, ⲧ, et même ⲱ. (*Ib.*, page 63.) Il faut ajouter que l'écriture hiéroglyphique
confond habituellement les consonnes aspirées et les consonnes simples correspondantes.

Salvolini, dans son *Analyse grammaticale raisonnée de différents textes anciens
égyptiens*, a donné à la suite de son *Alphabet hiéroglyphique* une série de soixante-
dix-huit caractères, qu'il désigne sous le nom de signes hiéroglyphiques à double valeur et
de signes vagues, représentant chacun jusqu'à trois et même quatre voyelles ou articulations, quelquefois d'une valeur tout à fait différente, comme, par exemple, le n° 252, qui
exprime I, IA, N, AN; les nᵒˢ 244 et 245, qui équivalent à M, R et S. La majeure partie
des valeurs multiples assignées à ces caractères sont des déviations phonétiques que se
permettaient les scribes dans les temps de la basse époque; d'autres, des exceptions très-
rares, et qui ont un motif que nous ignorons, et qui a besoin d'être étudié et éclairci. Si une
pareille latitude eût été permise dans l'application du principe phonétique, si plusieurs
lettres de l'alphabet même de Champollion eussent été susceptibles de prendre des valeurs
différentes, et si ces causes d'incertitude étaient encore accrues par celle qui résulte de
la suppression ou du vague des voyelles médiales, il est certain que le système hiéroglyphique, malgré le secours des caractères déterminatifs destinés à indiquer la prononciation
des groupes, aurait présenté la lecture la plus incertaine. La science offre ici évidemment
un *desideratum* qui est encore à remplir. Mon observation paraîtra d'autant plus fondée, si
l'on songe que les mots du lexique copte ont été appliqués souvent à l'interprétation des
textes sacrés, en étendant, en restreignant ou en modifiant d'une manière arbitraire la
signification de ces mots. Salvolini, pour déterminer la valeur phonétique de certains signes
hiéroglyphiques, a réuni quelquefois des groupes semblables à peu près de forme, mais
variés par l'emploi d'un caractère différent, et en a tiré la conclusion que ce caractère avait
la même valeur dans les uns et dans les autres. Ces démonstrations sont loin, suivant moi,
d'être justifiées. Le savant italien, ainsi que plusieurs autres élèves de Champollion,
a, par un entraînement qu'explique la supériorité incontestable du maître, exagéré
l'application du principe phonétique. Comme lui, il procédait souvent dans ses travaux
par conjecture, sans avoir cette faculté de divination *à priori* dont ce dernier était doué,
et qui était tout exceptionnelle. Les études archéologiques égyptiennes ont fait, sans
doute, dans notre siècle des progrès très-grands et réels; mais l'analyse et la critique
n'ont point encore été appelées pour en apprécier et classer les résultats divers d'une
manière satisfaisante.

phrase, la présence d'un signe déterminatif spécial, ou bien encore une synonymie constatée dans ces accumulations employées si fréquemment pour exprimer une même idée, des diverses méthodes d'expression de l'écriture hiéroglyphique (1), ne nous en révèlent la lecture et la signification. Les mots de cette première classe, pour lesquels ces secours manquent, et qui, par conséquent, restent encore douteux, ont été marqués d'un astérisque dans notre série A.

B. Les mots dont la forme hiéroglyphique se rapproche, mais avec quelques nuances, de la forme copte, et qui dérivent d'une même racine, avec une signification semblable ou à très-peu près analogue. Ces mots sont d'autant plus curieux à étudier qu'ils reproduisent évidemment les variétés du dialecte égyptien archaïque en usage dans les textes sacrés. Parmi les altérations de la forme copte actuelle, que plusieurs de ces mots nous présentent sous leur forme hiéroglyphique, il en est une que je signalerai ici en attendant qu'un plus grand nombre de faits observés nous permette peut-être un jour de la soumettre à une règle générale : c'est la répétition de certaines articulations, dans le but, sans doute, de marquer qu'elles devaient se prononcer d'une manière dure ou forte.

Ainsi, on trouve dans les textes hiéroglyphiques ο૨૨ pour ο૨ı, *être debout*; ოτΝΝΝϥp pour ოτΝΝϥp (ოτοΝΝοϥpє), *Ouonnofre, Onnofris*, nom propre; ૨pp pour ૨pє, *nourriture*; ωpp pour ωнpı, *chef, principal, aîné*; ϥϥ꧀ꙗє pour ϥ꧀ꙗє, *il marche*; σpp ou χpp pour σєpο ou χєpο, *four*; τκppp, pour τκpp (Dakrour, pays d'Afrique); ccᴀ pour cᴀ (préfixe); Ν꧀ꙗჃτ pour Ν꧀τ, *victoire, vaincre*, etc. J'ai donné, Pl. VI, des exemples de ces redoublements de lettres; ils se trouvent plus fréquemment pour le R, articulation dont la nature vibrante et dure comporte cette réduplication.

C. Les mots hiéroglyphiques dont la racine existe dans le copte, mais auxquels cette langue attribue une acception différente ou très-éloignée, et ceux qui s'écartent considérablement de la forme copte.

D. Les mots hiéroglyphiques dont les analogues, quant à la forme et à la signification, nous sont fournis par les idiomes des nations voisines de

(1) On peut voir ce que j'entends par ces synonymies, page 5a.

l'Égypte. La trace de ces similitudes est encore profondément empreinte dans le copte, ainsi que l'a démontré le savant Ignace Rossi(1). Ce qu'il y a ici d'intéressant à noter, c'est que la langue sacrée a maintenu les anciennes formes d'origine sémitique, tandis que le copte les a remplacées par de nouvelles créations.

E. Les mots hiéroglyphiques qui n'existent plus en copte, ou dont la signification dans cet idiome diffère entièrement de celle qu'ils paraissent avoir dans les textes sacrés.

Les considérations qui précèdent aideront à déterminer jusqu'à quel point se développa le parallélisme du système hiéroglyphique et de la langue égyptienne; recherche du plus haut intérêt pour l'appréciation des doctrines de Champollion. Et d'abord, il en découle pour nous la preuve que l'illustre archéologue est allé trop loin en prétendant que : « puisque la plus grande « portion de tout texte hiéroglyphique consiste en signes phonétiques, l'écri- « ture sacrée fut en liaison directe avec la langue parlée, car la plupart des « signes de l'écriture représentaient les sons de la langue orale (2). » Dans cette hypothèse, l'écriture hiéroglyphique aurait parcouru les mêmes phases que la langue dont elle était l'expression, et à laquelle elle était liée. Mais ces modifications successives ne devraient-elles pas se manifester dans les inscriptions des diverses époques, et avec des variations d'autant plus saillantes que l'âge des textes sacrés, mis en regard et comparés, est séparé par un intervalle de temps plus considérable? Pour pouvoir traiter cette question, il faudrait une connaissance plus étendue que nous ne l'avons encore de la part affectée dans l'écriture hiéroglyphique à chacun des quatre procédés graphiques, figuratifs, symboliques, combinés et phonétiques, auxquels elle eut recours. Il faudrait s'être livré à un long examen des inscriptions contemporaines des temps où les transformations de la langue

(1) *Etymologiæ ægyptiacæ.* Romæ, in-4°, 1808.

Cf. la collection des mots égyptiens recueillis dans les auteurs grecs et latins par Ernst Jablonski, et publiée par Te-Water, *Jablonski Opp.*, tome I.

Cette collection a été donnée de nouveau et augmentée par M. le D' Parthey, dans l'*Appendix* qui fait suite à son *Vocabularium coptico-latinum et latino-copticum.* Berlin, in-8°, 1845.

(2) *Grammaire égyptienne*, p. 48.

doivent être le plus profondément marquées ; par exemple, sous les premières dynasties memphites, sous les rois thébains des XVIIIe, XIXe, et XXe dynasties, sous les derniers rois grecs et sous les empereurs romains. Mes recherches personnelles sur ce point de la philologie égyptienne m'ont convaincu que le système hiéroglyphique maintint à toutes les époques la série de ses caractères fondamentaux; qu'il conserva invariablement les formes grammaticales et les caractères symboliques réservés à l'expression des notions religieuses, des idées de hiérarchie sociale et de relations de famille.

La langue hiéroglyphique était donc, tout le démontre, un véritable dialecte archaïque, immuable comme les dogmes théologiques auxquels il était essentiellement lié, et comme le système de décoration architecturale dont l'écriture sacrée était une partie intégrante. Un phénomène linguistique analogue s'est reproduit dans tous les pays où l'idiome antique, d'abord parlé par le vulgaire et mobile comme la civilisation dont il était le reflet, subit, dans le laps des siècles, de continuelles transformations, tandis que la langue primitive, consignée dans des écrits conservés dans les mains des corporations sacerdotales ou des savants, resta stationnaire et immuable, parce qu'elle était en dehors des vicissitudes qui agissaient sur l'idiome vulgaire. On pourrait citer le sanskrit, le zend, le pali, le kawi, etc., en Orient, le grec ancien, le latin, le slave, en Europe, et presque toutes les langues liturgiques. Pour l'Égypte, le fait est d'ailleurs confirmé par un témoignage historique positif, celui du grand prêtre Manéthon, qui mentionne la *langue sacrée*, ἱερὰ γλῶσσα, et le *dialecte vulgaire*, κοινὴ διάλεκτος (1).

Nous sommes maintenant en état d'apprécier le peu de fondement de l'objection principale que M. Dujardin a dirigée contre la méthode phonétique de Champollion, et qui lui a été suggérée par la différence que présentent les textes coptes et la langue hiéroglyphique, telle que cette langue résulte des interprétations données par l'auteur de la *Grammaire égyptienne* (2). Mais

(1) Manéthon, cité par Josèphe, dans sa controverse contre Apion. *Voir* Fl. Josephi Opp., éd. de 1611, in-folio, page 1040.

(2) Mémoire précité sur les hiéroglyphes et la langue égyptienne, *Revue des Deux-Mondes* du 15 juillet 1836.

cette divergence devait en effet se manifester inévitablement par suite de l'existence simultanée d'un dialecte écrit archaïque et d'une langue orale populaire. Le lecteur peut aussi s'expliquer pourquoi ces différences notables demeurent exactement les mêmes à toutes les époques, pourquoi les lectures faites sur les temples d'Esneh, couverts de leurs légendes hiéroglyphiques, au IIIe siècle de notre ère, s'éloignent tout autant de la langue copte contemporaine de ces édifices que les lectures faites sur les anciennes murailles de Thèbes.

S'il existe, comme les considérations philologiques que je viens d'exposer et le témoignage de Manéthon le mettent hors de doute, un dialecte sacré et un dialecte vulgaire, il s'ensuit qu'il dut y avoir, entre ces deux états d'une même langue, des dissimilitudes produites par la nature même des idées qui rentraient dans leur domaine spécial, et par celle des procédés graphiques ou oraux qui servaient à les représenter. C'est ainsi, par exemple, que : « le système général de l'écriture sacrée égyptienne eut pour règle « constante d'exprimer d'abord, et de présenter en première ligne l'idée « principale, en rejetant à la suite des caractères qui la représentaient, les « signes des déterminations particulières et ceux des modifications qu'elle « pouvait et devait subir, telles que les circonstances de genre et de nombre, « de temps et de personnes, tandis que la langue copte plaçait toujours soit « les articles, soit les marques de temps et de personnes, à leur véritable place, « c'est-à-dire en tête ou en avant du mot qu'elles servaient à modifier(1).»

Que Champollion se soit écarté quelquefois, en traduisant les textes sacrés en copte, des règles de cette langue, sans expliquer ou justifier ces déviations, c'est là une observation critique à laquelle la *Grammaire égyptienne* peut donner lieu; mais il serait injuste de ne pas tenir compte des imperfections inhérentes à l'application de toute méthode nouvelle de déchiffrement; et il est permis de penser qu'elles auraient peut-être disparu, si Champollion n'eût été enlevé par une mort prématurée à une science qu'il avait créée et portée si loin en quelques années. On peut lui reprocher aussi d'avoir admis dans ses traductions un mélange de mots pris indistinctement dans les trois dialectes du copte, le memphitique, le thébain et le baschmourique, sans s'être occupé jamais à jus-

(1) *Grammaire égyptienne*, page 177.

tifier ce choix (1). Il serait très-important de rechercher aujourd'hui dans quels rapports fut la langue hiéroglyphique avec ces variétés de la langue usuelle. Les mots usités dans les textes sacrés ne peuvent avoir été empruntés arbitrairement à ces trois dialectes. Mais ce point de critique philologique n'a encore été l'objet d'aucune investigation. Les textes hiéroglyphiques négligent toujours les préformatives dont le copte se sert pour changer une racine en nom d'agent, ⲡⲉϧ, en nom d'action, ⲩⲉⲧ, en nom d'origine ou d'extraction, ⲡⲉⲩ, et cette omission n'entraîne presque jamais d'inconvénient pour la clarté, parce que le contexte de la phrase détermine suffisamment l'acception particulière de chaque mot. Mais on y retrouve la préformative ⲅⲁ, qui indique certains noms d'agent. A quoi tient cette différence? Est-elle fondée sur une raison de dialecte ou grammaticale?

Une preuve à ajouter à toutes celles que j'ai déjà données de l'existence d'un dialecte sacré, se déduit de ce fait très-remarquable, que les textes hiéroglyphiques offrent les mêmes formes de mots, les mêmes procédés grammaticaux dans toutes les inscriptions qui décorent les monuments de la basse Égypte, comme les édifices de Thèbes et de la Nubie, sans distinction de localité.

Les imperfections que je viens de signaler dans la Grammaire de

(1) Suivant Champollion (*Grammaire égyptienne*, page 32), « il résulta de cette habitude constante de rendre les articulations aspirées d'un même ordre par des caractères semblables, comme du vague des voyelles et de l'emploi de l'une pour l'autre des liquides L et R, que toutes les différences de dialectes disparurent dans les textes rédigés en écriture hiéroglyphique ou en écriture hiératique. » Mais ces différences entre les trois dialectes du copte et le langage des textes hiéroglyphiques, tels que Champollion les a traduits, sont bien autrement profondes et radicales que ne le feraient supposer la permutation de quelques lettres ou le vague des voyelles. On peut très-facilement s'en convaincre en comparant un texte memphitique, thébain ou baschmourique, avec les traductions données pas Champollion. Ces divergences ne peuvent s'expliquer que par l'existence d'un dialecte sacré ou archaïque né de la même source que la langue populaire, mais qui se développa dans de tout autres conditions. Ainsi la grammaire égyptienne, laquelle se retrouve en très-grande partie dans le copte, est beaucoup plus simple que celle de cet idiome, parce qu'elle remonte au plus ancien état de la langue égyptienne, et que les idées religieuses en empêchèrent le changement et les progrès.

Champollion n'altèrent point au fond la justesse d'un grand nombre de
ses interprétations ; mais elles rendent très-irrégulier le langage dans lequel il les a traduites ; elles proviennent de la prédominance, chez lui, de
cette faculté synthétique qu'il possédait à un degré si éminent, sur l'esprit de critique et de déduction raisonnée, de l'inspiration sur la méthode.
Cette nature d'esprit explique les jugements si contradictoires, et souvent
très-injustes, dont ses travaux, peu compris en général, ont été l'objet. On
voit dans sa *Grammaire égyptienne* que, dans les recherches qui mar-
quèrent les dernières années de sa vie, il attachait peut-être moins d'importance à l'application rigoureusement philologique du copte au déchiffrement
des textes sacrés, qu'il ne l'avait fait dans celles qui précédèrent la publication de ce dernier ouvrage, et cependant ses découvertes sont dues
en très-grande partie à l'étude assidue de cette langue, étude dont il a
proclamé hautement la nécessité et la fécondité. « Le guide le plus sûr,
disait-il encore fort jeune, le seul peut-être auquel on puisse se livrer avec
confiance dans les études égyptiennes, est la connaissance approfondie de
la langue primitive de l'Égypte ; j'ai fait de cette langue, ajoutait-il, l'objet
spécial de mes premiers travaux. (1).»

Quant à nous, venus après lui, et à qui manque le génie du maître, nous
ne saurions jamais assez acquérir l'exercice de cet instrument puissant
d'investigation. C'est en s'initiant profondément à la connaissance de la
grammaire et de la phraséologie de cet idiome, comme le fit Champollion
lorsqu'il se préparait aux belles découvertes qui ont immortalisé son nom,
que ses élèves pourront faire faire de nouveaux pas à la science dont il
est l'auteur.

VI. Reportons-nous maintenant à ce qui a été dit plus haut, que l'écriture
sacrée indiquait avec autant de précision que les écritures sémitiques, mais
par des procédés graphiques différents, la restitution à faire à la lecture
des motions ou voyelles omises dans le corps des mots. Ces moyens étaient
de deux sortes. Le premier, que nous connaissons déjà, consistait à affecter
à la notation spéciale de tous les mots qui, dérivant d'une même racine,
se rapportent à une même idée, un symbole pris comme premier élément.

(1) *L'Égypte sous les Pharaons*, Préface, page xii.

phonétique d'un groupe exprimant, en caractères de son, le mot dont le symbole à lui seul rappelait primitivement l'idée (1). Ce caractère spécial déterminait à la fois l'acception du mot et sa prononciation, en rappelant ainsi d'une manière indirecte les voyelles à suppléer dans la lecture. Il est évident que la prononciation phonétique sortit ici du symbole, et n'en fut qu'un développement ultérieur. Les hiérogrammates purent, sans danger pour la clarté, tantôt écrire le symbole seul, tantôt le faire suivre des caractères ou même d'une partie des caractères qui en formaient le complément phonétique.

Champollion a désigné ces divers groupes plus ou moins développés d'un même mot, sous la dénomination de *noms phonétiques abrégés*. Il me semble qu'il aurait été plus exact de distinguer les symboles accrus d'un complément phonétique écrit en entier ou en partie, d'avec les abréviations de certains groupes composés principalement d'hiéroglyphes fondamentaux, lesquelles se montrent dans les formules d'inscriptions particulières à toute une classe de monuments, comme les scarabées et les stèles funéraires. La répétition de ces abréviations sur ces monuments, dont le nombre fut si multiplié, permettait de les rétablir en entier et de les lire à la première vue; j'en ai donné quelques-unes dans la planche IV.

La classe des mots à déterminatif symbolique initial resta toujours assez bornée, par cela même que la série des symboles était peu nombreuse. Les Égyptiens imaginèrent alors de faire du déterminatif un élément indépendant des valeurs phonétiques sur lesquelles il influe. Ils peignirent à la suite de chaque groupe phonétique l'image de l'objet physique que ce groupe traduisait en caractères de son, image qui indiquait la corrélation de l'expression écrite avec l'expression orale.

Les Égyptiens déterminèrent par la méthode figurative :

1° La plupart des noms des différentes espèces de quadrupèdes,

2° Le nom des membres de l'homme et des quadrupèdes;

3° Le nom de différentes espèces d'oiseaux et celui de leurs membres;

4° Le nom de tous les objets naturels et des objets d'art en rapport habituel avec l'homme.

(1) Voir pages 30, 31 et 37.

7

Souvent aussi le déterminatif fut un caractère tropique, exprimant des sujets qu'il eût été trop long ou même impossible de représenter directement par un signe figuratif.

Ces deux sortes de caractères ont reçu de Champollion le nom de *déterminatifs d'espèce*.

Les déterminatifs figuratifs sont de véritables peintures, qui ne pouvaient convenir qu'aux grandes inscriptions monumentales, dans lesquelles l'artiste recourait aux formes les plus riches que l'écriture hiéroglyphique pouvait lui prêter. Mais, dans l'usage ordinaire, l'écriture sacrée exigeait un degré d'accélération qui ne comportait point des caractères d'un tracé long et difficile. Les hiérogrammates les remplaçaient par un moyen d'expression aussi simple qu'ingénieux, et d'une fécondité sans limites. Ils créèrent une classification dont les divisions, analogues à celles de nos méthodes naturelles embrassent chacune un genre particulier d'êtres ou d'objets physiques, caractérisé par un signe distinctif général.

Champollion a donné, dans le chapitre IV de sa Grammaire, la liste des principaux déterminatifs génériques de l'écriture sacrée, qui se plaçaient à la suite des noms communs. Cette classification comprend : -- A. les quadrupèdes, B. les oiseaux, C. les reptiles, D. les poissons, E. les arbres, F. les plantes, herbes et fleurs, G. les matières appartenant au règne minéral, telles que les divers métaux, les gemmes, les pierreries et plusieurs substances propres aux usages domestiques; H. les membres du corps de l'homme, les différentes parties ou divisions qui le composent; I. les étoiles, les constellations, les astérismes et les décans, J. les divisions du temps, K. les noms exprimant des situations ou positions relatives et de localités, L. les fluides et les objets en rapport avec l'eau, M. tout ce qui se rattache à la lumière, au feu ou à la chaleur; N. les différentes espèces de pierres employées à la construction des édifices, O. les diverses formes d'habitations, d'édifices ou de portions d'édifices; P. les idées impures, immorales ou fâcheuses, ou qui doivent être prises en mauvaise part, Q. celles de culpabilité, d'opposition, etc.; R. les objets relatifs à l'art de l'écriture; S. les noms de professions ou exprimant des degrés de parenté.

Un autre ordre de déterminatifs s'ajoutait aux noms propres des dieux(1), des déesses, des simples particuliers égyptiens, hommes ou femmes, et des personnages étrangers. Il faut encore considérer comme un déterminatif générique l'encadrement elliptique ou cartouche, imitant, selon toute apparence, le plat d'un scarabée ou sceau dans lequel on inscrivait les noms des souverains égyptiens nationaux ou de race étrangère, ainsi que celui de leurs femmes. Plusieurs caractères furent aussi consacrés à déterminer les noms propres des contrées ou des villes situées, soit au dedans du royaume, soit à l'extérieur. Mais, dans ce dernier cas, un signe additionnel indiquait si ces noms désignaient des peuples amis ou ennemis, barbares ou organisés en société régulière. Les villes égyptiennes, outre leur nom vulgaire, qui, malgré le laps des siècles, est encore en usage parmi les populations de l'Égypte moderne, avaient un nom sacerdotal ou sacré. Ces dénominations religieuses, en rapport avec le culte local, recevaient pareillement un déterminatif spécial. Les bas-reliefs ou tableaux historiques sculptés sur les murailles du palais, et destinés à perpétuer la mémoire des conquêtes des souverains égyptiens, contiennent une foule de noms propres de contrées ou de villes étrangères, déterminées d'une manière toute particulière. On gravait ces noms dans l'intérieur d'une sorte d'enceinte crénelée ou fortifiée, et pour l'ordinaire placée devant l'image agenouillée d'un individu peint avec les traits et le costume de la nation vaincue à laquelle il appartenait. Un signe s'ajoutait à ces indications pour marquer si cette nation habitait au midi de l'Égypte, c'est-à-dire en Afrique, ou bien au nord, c'est-à-dire en Asie ou en Europe.

La nomenclature que nous venons de parcourir donne une idée de l'importance du rôle que remplissaient les déterminatifs dans l'écriture sacrée; et non-seulement on les ajoutait aux noms et aux adjectifs, mais encore aux verbes. On peut voir, dans la *Grammaire égyptienne*, la méthode claire et ingénieuse, simple et féconde à la fois, qui guida les hiérogram-

(1) J'ai déjà cité (page 31) le nom hiéroglyphique du dieu ⲚⲞⲨⲂ, ou χνοῦφις, nom dans lequel le bélier ou le corps humain criocéphale, symbole et représentation de ce dieu, et qui servent de déterminatif à ce groupe, y entrent comme éléments phonétiques, c'est-à-dire comme signes de l'articulation B, dont le bélier est un des homophones. Cet exemple est très-remarquable, en ce que le symbole fait partie, comme élément final, du groupe phonétique dont il doit fixer la prononciation.

7.

mates pour ranger en diverses classes, ayant chacune un moyen particulier de notation, la série très-considérable des verbes exprimant soit des actions, soit des manières d'être (1).

Si le verbe était le signe oral d'une action ou bien d'un état physique ou moral, facile à figurer au propre par le secours du dessin, on traçait cette image plus ou moins détaillée à la suite du groupe de caractères de son représentant ce verbe : dans ce cas, le caractère-image est un *déterminatif mimique*.

Mais, dans l'impossibilité de bien préciser la signification de la plupart des verbes attributifs phonétiques, en représentant par l'addition d'un caractère figuratif l'action ou l'état qu'ils expriment, on recourut aux signes tropiques de toutes les espèces, et l'on parvint ainsi, au moyen des images d'objets en rapport aussi direct que possible avec l'idée dont le verbe était le signe oral, à donner un plus haut degré de clarté aux notations phonétiques.

Les déterminatifs tropiques sont ou *spéciaux*, c'est-à-dire attachés à un seul verbe, ou *génériques*, c'est-à-dire propres à déterminer une série de verbes plus ou moins étendue.

Le principe phonétique, complété par l'adjonction des caractères déterminatifs, acquit la faculté de se plier à l'expression de toutes les idées qui peuvent germer dans l'esprit de l'homme, de toutes les notions que l'expérience et l'observation des faits extérieurs peuvent lui révéler. Chaque mot hiéroglyphique, quoique lié au corps de l'écriture, et confondu en apparence avec les groupes qui le précèdent et qui le suivent, forme néanmoins, complété par un signe déterminatif, un tout aussi distinct à la vue que les caractères disposés un à un dans les colonnes verticales de l'écriture chinoise, ou les mots séparés l'un de l'autre dans les pages de nos livres européens.

La théorie des caractères déterminatifs est postérieure à la rédaction du *Précis*. Elle apparaît pour la première fois dans la *Grammaire égyptienne*, mais avec une richesse de développements qui fait supposer qu'elle est le fruit de très-longues recherches et de profondes méditations, en même temps qu'elle nous montre les puissantes facultés de l'esprit qui la conçut.

(1) *Grammaire égyptienne*, chapitre XII, § III, A et B, pages 367 et 371.

Elle marque la seconde phase des travaux de Champollion avec non moins
d'éclat que la découverte des hiéroglyphes phonétiques avait signalé la
première. La révélation de ces deux grands faits archéologiques et les conséquences qu'il a su en faire jaillir constituent la partie fondamentale de la
science qu'il a créée, et pour lui un impérissable titre de gloire. Et, en
effet, si nous avons vu de si merveilleux résultats sortir de la découverte
du principe phonétique, ceux qu'a déjà produits la théorie encore nouvelle
des caractères déterminatifs ne sont pas moins admirables. Quelles ressources cette théorie ne prête-t-elle pas à la science des monuments,
puisque, sans connaître même la prononciation d'un groupe phonétique,
il est possible souvent de préciser la classe d'idées à laquelle il appartient,
de dire le genre, l'espèce, et quelquefois même l'individualité d'un être
ou d'un objet physique dont le nom ne nous a point été transmis par
les écrivains coptes ou par ceux de l'antiquité classique, et de déterminer la nature d'une idée matérielle ou abstraite dont l'expression orale
nous est inconnue!

VII. Champollion nous a appris que l'écriture hiéroglyphique recourut,
comme on l'a vu plus haut, à un mélange de trois procédés graphiques, qui
sont les images, les symboles et les caractères de son, c'est-à-dire les caractères figuratifs, tropiques et phonétiques. Elle réunissait ordinairement
ces divers caractères en agrégations complexes, formées de groupes empruntés à deux, quelquefois à trois de ces modes d'expression. Le concours des
signes figuratifs et symboliques remplissant les fonctions de caractères déterminatifs était, en effet, nécessaire pour indiquer la prononciation des
groupes phonétiques; car nous avons vu qu'un très-grand nombre de mots
coptes formés des mêmes consonnes, disposées dans un ordre semblable,
expriment cependant des idées très-différentes, quoiqu'ils ne se distinguent
les uns des autres que par les voyelles seulement. L'omission des voyelles
médiales, habituelle dans les textes hiéroglyphiques, aurait occasionné une
très-grande confusion, si la prononciation de chaque groupe phonétique
n'avait été notée par l'adjonction faite à ce groupe de son équivalent figuratif ou symbolique, ou par un signe déterminatif. Les caractères que j'ai
désignés avec Champollion sous le nom de *caractères combinés* apparaissent dans les textes sacrés isolément, mais le plus souvent réunis à un

groupe phonétique, dont ils indiquent, comme une sorte de déterminatif, la prononciation. L'écriture hiéroglyphique procédait ainsi ordinairement par une accumulation d'expressions de nature différente, mais synonymes, à la notation d'une idée simple ou unique. En comparant un texte hiéroglyphique ou hiératique reproduit sur deux ou plusieurs monuments, par exemple sur les stèles et les exemplaires si nombreux du *Rituel funéraire*, on voit ces agrégations de caractères changer continuellement leurs éléments d'un monument à l'autre, et remplacer un groupe figuratif ou symbolique par un groupe phonétique, et réciproquement. Il résulte de cette disposition un moyen précieux de déchiffrement; car ces groupes ainsi rapprochés s'éclairent l'un par l'autre, et dans les combinaisons qu'ils forment, un seul groupe dont la signification est connue peut nous apprendre celle de l'ensemble. La méthode d'interprétation qui s'appuie sur la recherche et l'examen de ces variantes est lente, il est vrai, et laborieuse, mais sûre, et par cela même plus propre qu'aucune autre à hâter nos progrès dans la connaissance des textes sacrés. Champollion, dans les premiers temps de sa carrière scientifique, y puisa d'utiles indications; il l'a préconisée dans son *Précis*. Mais elle convenait peu à la nature de son esprit, qui l'emportait vers les conceptions les plus spontanées. Cette précieuse faculté, qui lui était personnelle, et dont la *Grammaire égyptienne* nous révèle toute l'étendue, ne saurait donc servir de règle à ceux qui veulent se vouer au même genre de travaux que lui. Dans leurs recherches, la méthode que je viens de signaler, c'est-à-dire la comparaison des textes, doit toujours s'associer à l'étude approfondie de la langue copte, deux moyens d'investigation qui, sans doute ne créèrent pas le génie de Champollion, mais qui contribuèrent beaucoup à le développer. C'est surtout sur les données philologiques, comme sur la base la plus solide, que doit reposer l'archéologie égyptienne. Que l'on me pardonne d'insister sur ce point, parce qu'il semble avoir été mis trop souvent en oubli. Sans ce secours, on pourra comprendre, il est vrai, les doctrines de Champollion, et en appliquer les principes avec plus ou moins de justesse à l'interprétation des monuments. Mais cette connaissance, qui est très-facile à acquérir, car elle ne demande, avec un peu de mémoire, que quelque temps d'exercice, est impuissante désormais à faire avancer d'un pas la science que l'illustre hiérogrammate français a fondée.

Je termine ici cet exposé sommaire de l'état actuel de nos connaissances sur les procédés graphiques dont se servaient les anciens Égyptiens. L'écriture hiéroglyphique se prêtait à la représentation des idées d'un ordre usuel, comme à l'expression des doctrines les plus profondes, les plus abstraites de la métaphysique des sanctuaires. A cet égard, le témoignage des auteurs anciens est unanime avec les inductions qui découlent de l'étude des monuments. Les travaux de Champollion ont établi comme un fait incontestable que l'écriture sacrée fut une création aussi logique que celle d'aucun autre moyen de rendre la pensée que les hommes aient jamais inventé; et la méthode de déchiffrement qu'il nous a enseignée peut être regardée comme tout aussi rationnelle que celle qui est employée dans la culture de toute autre branche de l'archéologie orientale. Je ne veux pas dire par là que l'on puisse se servir, pour l'intelligence des textes sacrés, de sa Grammaire et de son Dictionnaire avec la même facilité et la même certitude qu'on le fait des livres analogues, pour l'étude du grec, de l'arabe ou du sanskrit, etc.; ce serait de ma part une singulière illusion ou un grossier mensonge, que l'illustre auteur de la *Grammaire égyptienne* aurait désavoué plus énergiquement que personne. J'ai voulu affirmer seulement que ses découvertes dans le domaine de l'antiquité égyptienne découlent d'un système d'interprétation que tout esprit judicieux ne saurait refuser d'admettre, et qui, entre les mains de disciples habiles, peut produire de nouveaux et de grands résultats. Mais quel champ immense ne reste-t-il pas encore à parcourir après lui! Le voile qui recouvrait la vieille et mystérieuse civilisation de la patrie des Pharaons a été soulevé en partie : il serait téméraire d'espérer qu'il le sera un jour entièrement.

Que les théories de Champollion offrent encore de nombreux *desiderata*, que plusieurs des principes émis dans la *Grammaire égyptienne* aient besoin d'être rectifiés par des recherches ultérieures ou confirmés par de nouvelles applications, c'est là un fait qu'un examen approfondi et impartial de ce livre met hors de doute. Il faut reconnaître également que, si dans la série des interprétations qu'il a proposées, il en est qui sont d'une vérité incontestable, il y en a d'autres qui ne doivent être admises qu'avec réserve (1), et quelques-unes qui sont à rejeter entièrement. L'écriture sacrée fut, comme je l'ai montré, plus complexe que ne le pensait Champollion : il a retrouvé plusieurs des grandes lois du système hiéroglyphique; mais la nature, les limites, le mode d'action des divers moyens d'expression que ce système employait, n'ont point encore été suffisamment constatés ni définis. Dans la vie si courte que Dieu lui accorda, et qui fut si bien remplie, il n'a pu porter que jusqu'à une certaine limite la science qu'il avait créée. Une somme plus grande d'efforts n'est pas dans la mesure des forces intellec-

(1) Parmi ces résultats douteux, il faut ranger la lecture d'une foule de noms propres, pour le déchiffrement desquels les secours faisaient entièrement défaut à Champollion, et qui ne doivent être acceptés que comme des conjectures plus ou moins plausibles; tels sont ceux des dieux *Athmou* (p. 364), *Moui* (p. 457), de *Ponebsar* (p. 504) ou *Nebsar* (p. 513), d'*Outohôr* (p. 530), surnoms d'Osiris; des dieux *Thoré* (p. 110), *Hop-Hiooué* (p. 114), d'*Ohi*, fils aîné de la déesse Hathôr (p. 117); de *Totounen*, surnom de Phthah (p. 496); des déesses *Nébouaou* (p. 453), *Ritho* (p. 121), *Anath* (p. 122), etc. Tels sont encore les noms suivants : *l'esprit de la contrée de Tattou* (p. 114), *l'esprit de la contrée des fils de roi* (ibid.), le serpent *Mehen* ou *Mohen* (p. 470), le quadrupède *Tasem* (p. 312), l'arbre *Oscht* (p. 277), les régions *Noutéhir* (p. 427), *Behni* (p. 352), *Hoser* (p. 274), *Anrôf* (p. 307), le pays *des deux vérités* (p. 526), la demeure *Ophia* (p. 507), *Obé*, particulier égyptien (p. 462), etc. Je ne cite que ces exemples, mais il serait facile d'en augmenter la liste.

La même incertitude règne pour la majeure partie des phrases extraites du *Rituel funéraire*, et citées dans la *Grammaire égyptienne*. Les moyens manquent pour en affirmer ou pour en rejeter l'explication; car ces passages étant détachés du texte dont ils font partie, et tous très-courts, on conçoit qu'il est fort difficile, sinon impossible, de décider du mérite de la traduction qu'en a donnée Champollion, et de savoir jusqu'à quel point elle s'accorde avec le sens général du livre d'où il les a tirés. Il faut reconnaître que ces difficultés étaient insurmontables.

Le traité gnostique de la *Fidèle sagesse*, conservé en manuscrit au British Museum de Londres, contient un résumé des doctrines que professaient très-probablement les sanctuaires égyptiens sur la transmigration des âmes, et qui sont du mysticisme le plus transcendantal; et cependant, quoique ce livre soit écrit dans une langue connue, et que nous ayons pour le commenter le secours des philosophes et des pères de l'Église contemporains, il présente un texte d'une obscurité désespérante. Que sera-ce donc du *Rituel funéraire*, composition consacrée, à ce qu'il paraît, à l'exposition des dogmes analogues de la vieille Égypte, dogmes dont nous ignorons les éléments et les détails si multipliés, et qui sont retracés en caractères que nous commençons à peine à lire?

tuelles de l'homme, ni dans la nature des difficultés sans nombre que présente la connaissance si imparfaite que nous possédons de l'antiquité égyptienne. Mais si la raison de plusieurs procédés de l'écriture hiéroglyphique nous est encore inconnue, que peut-on en induire contre une foule d'interprétations de détail, lorsque les données monumentales sur lesquelles elles reposént s'accordent avec celles que nous fournissent la langue copte ou les témoignages de l'histoire ? Si nous ne sommes pas parvenus à lire couramment toutes les inscriptions qui couvrent les édifices égyptiens, faut-il rejeter la lecture de la partie de ces inscriptions qui a été déchiffrée à l'aide d'une méthode dont l'efficacité a été constatée dans une foule de cas? C'est là évidemment ce que personne ne saurait soutenir. D'où vient donc cette hésitation qui se manifeste encore chez quelques personnes à admettre ce qu'il y a de certain dans les résultats obtenus par Champollion? De la difficulté, suivant moi, de suivre le développement de ses idées dans les publications qui précédèrent la *Grammaire égyptienne*, du manque d'un ouvrage qui contînt l'exposé complet et didactique de ses doctrines : c'est cette lacune que la Grammaire est venue remplir.

Quoique dans ses deux plus belles découvertes, l'alphabet phonétique et la théorie des caractères déterminatifs, il semble avoir été guidé par une analyse très-fine et très-habilement dirigée, néanmoins le détail de ses plus heureuses interprétations est dû plutôt, ainsi que je l'ai fait remarquer déjà, à cette sorte de faculté divinatrice dont la nature l'avait si largement doté, et dont lui-même ne pouvait pas toujours expliquer les inspirations. En parcourant l'ensemble de ses ouvrages, si on le voit changer d'une manière subite, et sans raison apparente, le sens déjà donné par lui d'un groupe, c'est parce qu'une meilleure lecture s'est présentée à son esprit, comme une soudaine révélation, et qu'il ne veut pas perdre dans des explications inutiles à ses yeux un temps qu'il préfère employer à marcher vers de nouveaux progrès. Mais croyez-le dans ses affirmations : sa candeur aurait reculé devant une assertion qui pour lui eût été douteuse. Ceux de ses amis qui ont entendu sortir de sa bouche l'aveu naïf et si souvent répété de son impuissance à pénétrer la signification de certains caractères hiéroglyphiques, savent combien l'amour de la vérité était profondément gravé dans son âme.

Grâces à lui, l'archéologie égyptienne est devenue une science aussi

8

grande, aussi riche,' aussi curieuse que celle qui nous apprend à inter-
préter les plus anciens monuments de la civilisation humaine, la *Bible*,
les *Védas*, les *Livres de Zoroastre*, les *Kings*, une science appelée à
nous révéler tout ce monde primitif, dont quelques souvenirs avaient à
peine échappé au naufrage des temps. Honneur immortel à l'homme de
génie qui nous a enseigné à lire les pages incomprises depuis si longtemps
des annales de la nation la plus savante de l'antiquité, et qui, en créant
un ordre d'études nouvelles, a ajouté à la couronne de l'érudition française
l'un des plus beaux fleurons dont elle soit décorée!   ÉD. DULAURIER,

Professeur à l'École royale des langues orientales vivantes.

ANNEXE DES PAGES 39—43 (1).

Série A.

73. H. ⲁϧⲩ, *aigle*, C. ⲁϧⲱⲩ (M.)—73. H. ⲃⲏⲥ, *épervier*, C. ⲃⲏⲥ (Th.)
ⲃⲏⲝ (M.)—79. H. ⲉⲗⲗ, *grains de raisin*, C. ⲉⲗⲟⲟⲗⲉ (Th.), ⲁⲗⲟⲗⲓ (M.)—
6o. H. ⲉⲣⲧ, *lait*, C. ⲉⲣⲱⲧⲉ (Th.), ⲉⲣⲱⲧ (M. B.)—379. H* ⲉⲧⲛ, *fardeau*,
C. ⲉⲧⲡⲟ (Th.), ⲉⲧⲫⲱ (M.) — 6o. H. ⲉⲍ, ⲉⲍⲉ, *vache*, C. ⲉⲍⲉ (T. M.),
bœuf, vache.—6o. H. ⲏⲣⲡ, *vin*, C. ⲏⲣⲡ, (Th. M.)— 79. H. ⲕⲕ, *ténèbres*,
C. ⲕⲁⲕⲉ (Th.)— 152. H. ⲕⲩ, *l'Égypte*, C. ⲕⲏⲙⲉ (Th.), ⲕⲏⲙⲓ (B.)—372. H*
ⲕⲉ, *embaumer un cadavre, ensevelir*, C. ⲕⲱⲥ (Th. M.) — 4o9. H. ⲕⲧ,
bâtir, C. ⲕⲱⲧ (Th. M. B.)— 34. H. ⲗⲁⲃⲟ, *lionne*, ⲗⲁⲃⲟ (M.)—433. H.
ⲙⲁⲓ, ⲙⲉⲓ, *aimer*, C. ⲙⲁⲓ (Th. M.), ⲙⲉⲓ (Th. M. B.)— 68. H. ⲙⲁϣⲓ, *ba-
lance*, C. ⲙⲁϣⲓ (M.), ⲙⲁϣⲉ (Th.)— 79. H. ⲙⲁⲍ, *cire*, C. ⲙⲟⲧⲁⲍ (Th. M.) —
73. H. ⲙⲟⲧⲓ, *lion*, C. ⲙⲟⲧⲓ (Th. M.)—365. H. ⲙⲟⲧⲓ, ⲙⲟⲧⲉ, *resplendir*,
C. ⲙⲟⲧⲉ (M.)—385. H*. ⲙⲣ, *lier, ceindre, entourer*, C. ⲙⲣ (Th.), ⲙⲟⲣⲡ
(Th. M.)—346. H. ⲙⲥ, *engendrer*, C. ⲙⲉⲥ (Th. M.)—384. H*. ⲙⲥⲧ, *haïr*,
C. ⲙⲟⲥⲧⲉ (Th.) — 377. H*. ⲙⲃⲓ, *nager*, C. ⲙⲉⲃⲓ (M.) ⲙⲉⲉⲃⲉ (Th.)—77. H.
ⲙⲡⲣⲉ, *graine, semence*, C. ⲙⲁ̅ⲫⲣⲓ (M.)—88. H. ⲙⲍⲓ, *sycomore*, C. ⲙⲟⲧⲍⲓ
(M.), ⲙⲟⲧⲍⲉ (Th.)—284. H*. ⲙⲍⲩ, *sauver*, C. ⲙⲟⲍⲉⲩ (M.), ⲙⲟⲧⲍⲩ (Th.)—
282. H*. ⲙⲍⲛ, *s'affliger*, C. ⲙⲉⲍⲛ, ⲙⲉⲍⲡⲉ (Th.), ⲙⲉⲍⲡⲓ (M.), *se lamenter.*—
6o. H*. ⲟⲃ, *soif*, C. ⲟⲃⲉ (Th.), ⲟⲃⲓ (M.)—6o. H. ⲟⲃⲍⲉ, *dents*, C. ⲟⲃⲍⲉ (Th.),

---

(1) Dans les tableaux suivants la lettre H. signifie *forme hiéroglyphique*; la lettre C. signifie *forme
copte*; les abréviations Th., M. et B. *dialectes thébain, memphitique et baschmourique.* Le chiffre
indique la page de la *Grammaire égyptienne* d'où les exemples ont été tirés.

dents, *palais de la bouche.*—60. H. ooϩ, ᴀᴀϩ, *lune.* C. ooϩ (Th.), ιoϩ (M.)
—319. H. oⲧⲃ⳩, *blanc, blanche,* C. oⲧⲃ⳩ (Th. M.) — 338. H*. oⲧⲙ,
manger, C. oⲧⲙ (Th.), oⲧⲉⲙ (Th. M.) — 72. H. oⲧⲛ⳩, *espèce de loup,*
C. oⲧⲱⲛ⳩ (Th. M.), *loup, schakal.*—354. H. oⲧoⲛ, *lumière,* C. oⲧoⲉⲓⲛ
(Th.), oⲧⲱⲓⲛⲓ (M.) — 108. H*. oⲧⲧⲛ, *faire des libations,* C. oⲧⲱⲧⲛ ⲉⲃoλ
(Th.)—378. H*. ⲛⲥ, *cuire,* C. ⲛⲓⲥⲉ.—75. H. ⲛⲧ, *arc,* ⲛⲉⲧⲧⲉ (Th.), ⲫⲓⲧ (M).
— 61. H. ⲣⲧ, *pied,* C. ⲣᴀⲧ (Th. M.) — 326. H*. ⲣⲱⲧⲃ, *être renversé,* C.
ⲣⲱⲧⲉⲃ (M.), *faire coucher.*—379. H*. ⲥᴀⲧ, ⲥⲱ, *boire,* C. ⲥⲱ (Th. M. B.).
— 76. H. ⲥⲓoⲧ, *étoile,* C. ⲥⲓoⲧ (Th. M.)—350. H. ⲥⲩ, *herbe,* C. ⲥⲓⲩ (M.)
— 403. H*. ⲥⲩⲛ, *préparer,* C. ⲥⲩⲛ (Th.), ⲥⲉⲩⲛⲓ (M.), *établir, disposer,
former.* — 61. H. ⲥ̇ⲛ, *frère,* C. ⲥoⲛ (Th. M.) — 363. H. ⲥⲏⲧ, *fonder,
établir,* C. ⲥⲉⲛⲧ (M.), ⲥⲛⲧⲉ (Th.), *base, fondement.* — 76. H. ⲥoⲧ, *fro-
ment,* C. ⲥoⲣo (Th. M.)—61. H. ⲥoⲧϩ, *œuf,* C. ⲥooⲧϩⲉ (Th.), ⲥⲱoⲧϩⲓ
(M.)— 61. H. ⲥⲛⲣ, *côte, côté,* C. ⲥⲛⲓⲣ (Th.), ⲥⲫⲓⲣ (M.) — 73. H. ⲥⲛⲧ,
lèvre, C. ⲥⲛoⲧoⲧ (Th.), ⲥⲫoⲧoⲧ (M.) — 76. H. ⲥⲧⲓ, *flèche,* C. ⲥᴀⲧ (M.
Th.) — 378. H. ⲥ⳹, *écrire,* C. ⲥᴀ⳹ (M.), ⲥᴀϩ (Th.)—427. H*. ⲧᴀⲉⲓo,
honorer, C. ⲧᴀⲉⲓo (Th.), ⲧᴀⲓo (Th. M.) — 61. H. ⲱⲛ⳹, *vie,* C. ⲱⲛ⳹ (M.)
ⲱⲛϩ (Th.)— 384. H*. ⳩oⲃ, *être hypocrite,* C. ⳩oⲃⲉ (Th.), ⳩oⲃⲓ (M.)—
81. H. ⲉⲃⲥ, *vétement,* C. ⲉⲃoⲥ (Th.)—386. H*. ϩoⲧⲓ, *craindre, être
terrible,* C. ϩoⲧ (M.), ϩoⲧⲉ (Th.), *crainte.* — 77. H. ϩⲣⲣ, *fleur,* C.
ϩⲣⲏⲣⲉ (Th.) — 63. H. ϩⲧⲣ, *cheval,* C. ϩⲧⲱⲣ (Th.), ϩⲉⲱⲣ (M.) *chevaux.*
—479. H*. ϫⲛⲧ, *s'irriter,* C. ϫⲱⲛⲧ (M.), ϭⲱⲛⲧ (Th.) — 86. H. ϫⲧϥⲓ,
reptile, C. ϫᴀⲧϥⲉ (Th.), ϭᴀⲧϥⲓ (M.) — 62. H. ϭⲣϩ, *nuit,* C. ϭⲱⲣϩ (Th.)

Série B.

369. H. ᴀⲩoⲛⲓ, *envelopper, cacher, étre caché,* C. ᴀⲩoⲛⲓ (M.), *prendre, détenir, posséder.* — 444. H. ⲕⲱϭⲉ, *faire prisonnier, forcer à la
guerre,* C. ⲕⲉⲉϥⲉ, ⲕⲱⲱϥⲉ (Th.), *contraindre, vexer.* — 284. H. ⲩⲉⲓo,
contempler, considérer, C. ⲩⲉⲣⲉ (Th.), ⲩⲉⲣⲓ (M.), *penser, se rappeler.*—
283. H. ⲛⲧⲣ, *dieu,* C. ⲛoⲧⲧⲉ (Th.) — 284. H. ⲛⲧⲛⲧ, *mettre en fuite,*
C. ⲛⲱⲧ (Th. B.), *fuir.* — 424. H. ⲥᴀⲧⲉ, *rayon solaire,* C. ⲥᴀⲧⲉ (Th.),
feu, flamme, briller. — 291. H. ⲧoⲧⲛ, *faire dresser,* C. ⲧoⲧⲛ (Th.) avec
les suffixes, *se lever.* — 283. H. ⲱⲛⲣ, *pierre,* ⲱⲛⲉ (Th. M.) — 479. C.
⳩ⲉ, *comme* (prépos.), C. ⳩ⲉ (Th.), ⳩ⲓ (Th. M.), *mesurer, peser, mesure.*

— 62. H. ϩⲕ, *liqueur, philtre, remède*, C. ϩⲓⲕ (Th.), ⲓϧ (M.), *démon*, ⲙⲉⲧϩⲓⲕ (Th.), *magie, maléfice.* — 369. H. ϩⲛ, *adorer*, C. ϩⲟⲛⲧ (M.), *prêtre.*—76. ϭⲣⲣ, ϫⲣⲣ, *four*, C. ϭⲉⲣⲟ (M.), ϫⲉⲣⲟ (Th.), *allumer, être ardent.*

Série C.

92. H. ⲉⲓⲁⲛⲟϩ, *sourcils*, C. ⲛⲟϩ (M.), *paupière.* — 425. H. ⲕⲗⲗ, *zone terrestre*, ⲕⲗ (Th.), ⲕⲉⲗ (M.), *envelopper.* — 377. H. ⲙⲛ, *hirondelle*, C. ⲃⲏⲛⲉ (Th.), ⲃⲏⲛⲓ (M.) — 409. H. ⲙⲛ, *monument, construction*, C. ⲙⲏⲛ (Th. M.), *être stable, être perpétuel.* — 75. H. ⲥⲣⲏ, *flabellum, ombrelle*, C. ⲥⲱⲣ (Th. M.), *disperser, être étendu.* — 491. H. ⲧⲟⲩⲱⲧⲉ, *palanquin*, C. ⲧⲟⲩⲱⲧ (Th.), *temple portatif.* — 419. H. ϣⲟⲃⲟⲩ, *faux*, C. ϣⲉⲃϣⲱⲃ (M.), *être aigu, aiguiser, être coupé.*—77. H. ϩⲙⲁ, *lin*, métathèse de C. ⲙⲁϩⲓ (M.) — 94. H. ⲡⲥⲧ, *l'épine du dos.* C. ⲉⲥⲏⲧ, et avec l'article masculin, ⲡⲉⲥⲏⲧ (Th. M.), *la partie inférieure.*

Série D.

66. H. ⲁⲗ, ⲏⲗ, *antilope*, איל (hébreu), *cerf.* — 282. H. ⲃⲁ, *barque*, βάρις, *par épenthèse.*—362. H. ⲉⲙⲛⲧ, *Amenthès* (l'enfer égyptien), Ἀμένθης. — 284. H. ⲥⲉ, *fils, fille*, πΣΕνχωνσις (ψένχωνσις), *le fils de Khôns.*— 73. H. ⲥⲓⲃ, *loup*, ذيب (arabe).— 74. H. ⲥⲗϭ, *scorpion*, πΣΕΛΚις (ψέλκις), *nom d'un lieu en Nubie.* — 285. H. ⲥⲥ, *cheval*, ⲥⲥⲙ, *cavales*, סוס, סוסים (hébreu). — 360, H. ⲥϣⲛⲧ, *sorte de coiffure royale*, πΣΧΕΝΤ (ψχέντ). — 446. H. ⲧⲧ, *parler*, θώθ, *Thôth, le dieu de l'éloquence.* — 210. H. ⲱⲏⲣ, ⲱⲏⲣⲓ, *chef*, ΑρΩΗΡις (Ἀρώηρις), *Horus l'aîné.*— 75. H. ϣⲛⲓⲛ, *lotus*, بشنين (arabe d'Égypte).—60. H. ϩⲕ, *roi, modérateur*, Ὕκ, dans Manéthon. — 62. H. ϩⲡ, *l'oiseau Ibis*, Ἶβις. — 354. H. ϩⲣ, *manifester, mettre en lumière, Épiphane (illustre)*, אור (hébreu), *devenir lumineux, illustre.*

Série E.

445. ⲁⲧⲛ, *disque solaire.* — 520. ⲃⲏϭ, *orné.*— 284. ⲉⲡⲟⲩ, *ces* (art. dém. plur.).—512. ⲕⲃⲃ, *faire des libations.* — 308. ⲗⲁⲗⲉ, *verser.* — 419. ⲙⲟⲩϩⲩ, *aviron.* — 290. ⲛⲟⲩⲙ, *guider.* — 483. ⲟⲡⲧ, *hippopotame.* — 103. ⲡⲛ, *ce* (art. dém.).—458. ⲣⲛⲛ, *éduquer* (sic).—505. ⲥⲃⲏ, *propylon.*— — 487. ⲧⲏ, *parcourir.* — 395. ⲱⲑⲫ, *offrande.* — 304. ⲟⲩⲱϭ, *venir.* — 495. ϣⲁϣ? *griffon.*— 301. ϩⲁⲁⲕ, *réjouir.* — 166. ϫϥ, *parfum.*— 435. ϭⲁⲁⲩ, *coffret funéraire.* — ϭⲏϭⲛ, *demoiselle de Nubie, sorte de héron.*

Paris. — Typographie de FIRMIN DIDOT frères, rue Jacob, 56.

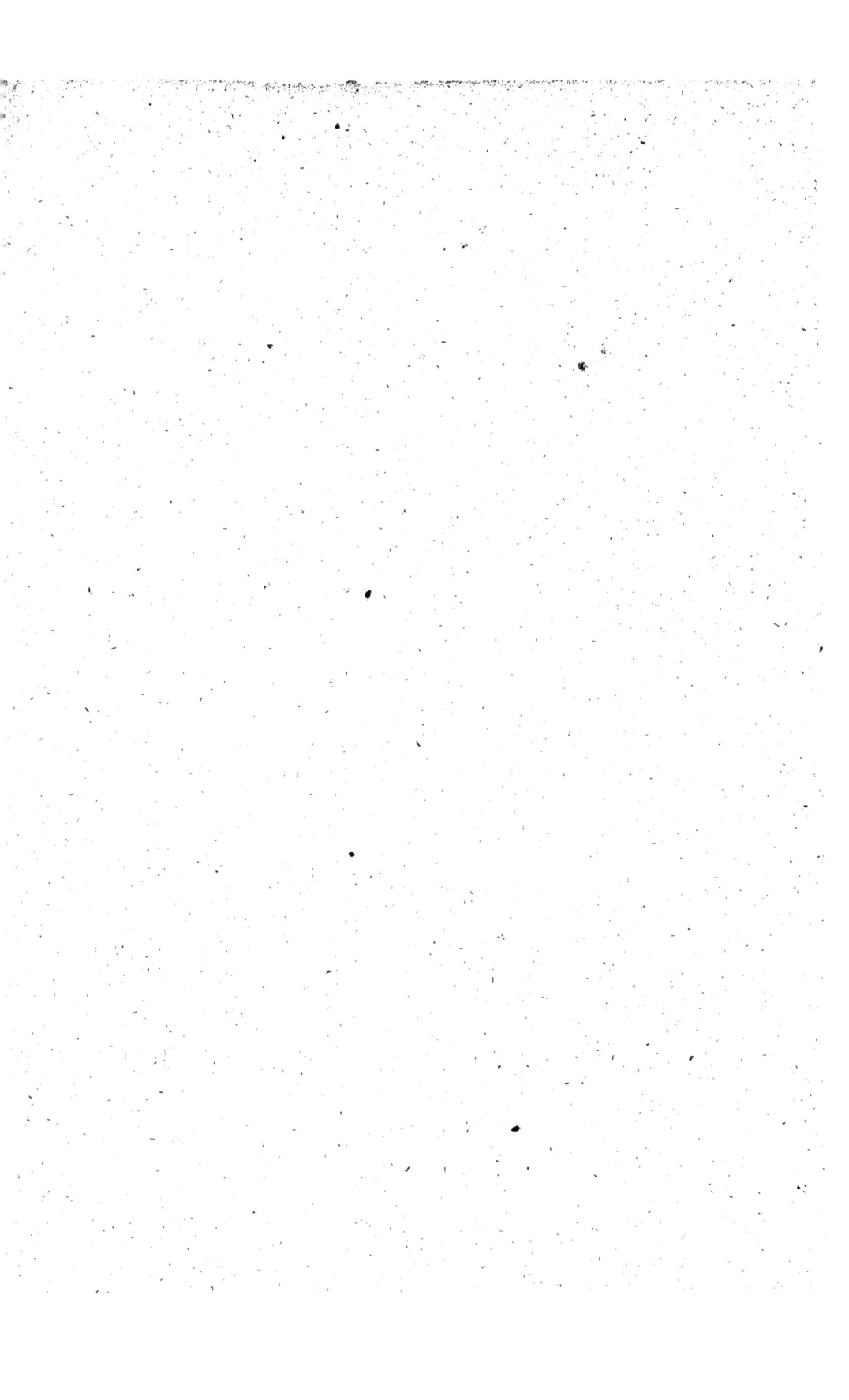